インタビュー臨床心理士 1

interview with the clinical psychologists

はじめに　本物のサイコセラピストになるということ

精神科における心理臨床を始めて以来、日本で最初に精神科臨床を実際に行った心理職者は誰なのだろうかという疑問を解決すべく、自分でコツコツと調べていた。ところが、調べれば調べるほど、わからないことが出てくる。日本において心理学の歴史は長くても、心理カウンセラーとして自立して生活できるようになってからの職業史はまだわずかであるはずなのに、わからないことや知らないことが多すぎて一人では限界を感じていた。サイコセラピー関連のマニュアル本やノウハウ本は大全盛であるが、自分の職業の歴史に興味のある人は意外に少なく、自分が勤務している病院の歴史さえ知ろうとしない人も多い。そんななか、日本心理臨床学会第二十四回大会のシンポジウムで、心理学史を専攻する若手である安齊順子先生と出会った。すでに著作から私のほうが安齊先生のことを存じ上げていたのだが、お顔とお名前が一致しない状態であったところ、安齊先生のほうからシンポジウムの休憩中にお声をかけてくださったのである。

そこからすぐに心理学史好きの二人は意気投合して、本書の企画の基本はできたのであるが、生のインタビューを中心に、日本における臨床心理学史を垣間見る本などという、まるで売れそうもない企画に取り合ってくれる出版社は存在するのだろうかというのが一番の心配であった。案の定、厳しい状況に置かれたので、臨床心理学史の視点に次のような視点も加味した。今は臨床心理士になりたいという高校生や大学生は少なくない。そんな人たちが臨床心理士を本当に目指すかどうかを真剣に悩む時期にあたる大学一、二年生を読者層として念頭に置き、中堅・ベテランの臨床心理士が、いかにして臨床家になり、食べていけるようになったのか、臨床から何を掴み、今、何を目指しているのかなどを聴くという視点である。中堅・ベテラン臨床心理士がこれまでどのように臨床を行ってきたかを知ることは、他の臨床心理士にとっても興味深く、職業生活の参考として役立つものと考えられる。その上、欲張りな願いではあるが、中堅・ベテラン臨床心理士が自分の人生をかけて行っている仕事に関して、それに惹《ひ》かれた理由は何か、その最大の魅力は何か、といった点もインタビューできると、私たち自身、学ぶところが大であろうという方向性になった。この出版企画を応援してくださった、誠信書房の松山由理子氏、並びに南口雄一氏にお礼を申し上げたい。

インタビューの人選には正直、苦労した。何度も考え直したが、安齊先生と私の一致した意見として、①本当に臨床を実践している方にしよう、②自分たちが尊敬を払える方にしよう、③特定の学派や特定の援助領域に偏らず、④地理もできるだけ偏らず、⑤この業界は女性が多いはずなので、女性の臨床家に多くお願いしよう、という線で落ち着いた。二〇〇六年六月に各先生に依頼のお手紙を出し、実際にインタビューを開始したのは、同年八月十日で、最後のインタビューは同年十一月五日であった。インタビューにおいては、質問役を津川が務め、安齊先生にはそれを補完していただく役回りをお願いした。

さて、今回は八名の先生方にインタビューをしてみて、自分がこれだけ得をするとは思ってもみなかった。ありがちな「勉強になりました」といった表面的な言葉を大きく越えて、サイコセラピストとして自分の人生に得難いものが得られたという実感がある。この手応えが紙面を通して読者に伝わることを切に祈っている。

第1巻では、八名の先生方のうち、成瀬悟策先生、森崎美奈子先生、橘玲子先生、藤岡淳子先生のインタビューを収録した。ご協力いただいた四名の先生方に、心から感謝を申し上げたい。

なお、第2巻には、村瀬嘉代子先生、鶴光代先生、鵜養啓子先生、平木典子先生のインタビューが収録されている。併せてお読みいただければ幸甚である。

二〇〇七年六月

津川律子

目 次

contents

I　成瀬悟策インタビュー

必ず治す

interview with Naruse Gosaku

成瀬悟策プロフィール

1924　岐阜県生まれ
1950　東京文理科大学心理学科卒業
現在　九州大学名誉教授
主著　『動作療法』誠信書房　2000年
　　　『動作のこころ』誠信書房　2007年
　　　『動作のこころ　臨床ケースに学ぶ』（編著）誠信書房　2007年

interview notes

午後一時博多発志賀島行きの船に乗るよう言われていた。二〇〇六年十一月五日、安齊先生、松山編集長、そして私の三人は博多ふ頭へと向かった。博多ふ頭から成瀬先生のご自宅にお電話すると、元気そうな先生の声。「船着場に迎えにいくからね」と言ってくださる。博多湾を船で渡り、対岸の船着場に到着すると、成瀬先生は自家用車の運転席で手を振って待っていてくださった。先生のご自宅に着いてみると、お庭から海が一望できる。なんて素敵なところに住まわれているのだろう。黒いネコがすり寄ってくる。「漱石と同じで名はないネコ」とのことである。先生が入れてくださった日本茶（これまた美味しい）をいただきながら、インタビュー開始！

東京文理科大学のころ

成瀬　ネコを追い出しましょうか？

――いえいえ。

成瀬　こんなにナデナデしてもらって喜んじゃって。お客がきたんでウキウキしてんですよ。普段可愛がられてないもんだから、よそのネコよりも余計にネコなで声を出すんですよ（笑）。

――先生が東京文理科大学心理学科[1]に入学されたのは一九四七（昭和二十二）年ということですが。

成瀬　戦争で負けたから、すぐに高等師範学校の二年生にスライドして、二年後に東京文理科大学に入ったの。岐阜県の片田舎で高等小学校二年生までやったから二年の空白があります。それまではプロの軍人になるつもりでした。学問をやるなんて、そんな気は全然ありませんでした。

――軍人になられるおつもりだったんですか?!

成瀬　そうそう。

――はー、ビックリ（笑）。

成瀬　ビックリすることないじゃない。当時はみんな陸軍士官学校か海軍兵学校か一高[2]しか目標がなかったんだ。それ以外のところは学校じゃなかったんです。昔の人にはこれは常識だったけど、今の人が聞くと、それはもう非常に異様な響きがあるんじゃないの？

――それで東京文理科大学では、今で言う心理学科にお入りになられたんでしょうか。

博多ふ頭

成瀬　そうなんです。あそこは文学部と理学部しかないから。だから、初めから心理学科っていうのがあった。

――　文学部心理学科に先生がお入りになられたころは同級生って何人いらっしゃったんでしょうか。

成瀬　十五人。

――　結構いらっしゃったんですね。

成瀬　最初は十五人だったけど、戦争にいってたせいで上からドッペって（落っこちて）きた人がいたから、卒業したときは全部で二十人くらいいたんじゃないでしょうかね。

――　全員が男性でしょうか。

成瀬　女性は一人いました。もう亡くなりましたけど、高橋艶子[3]さん。

――　長年探していた高橋先生!?　この前、臨床心理学史の年表を作っているときにどういう方だかわからなくて。高橋艶子先生が成瀬先生の同級生でいらっしゃったんですね。

成瀬　同級生でした。歳は一つくらいお姉さんでしたけどね。女性は彼女一人だけ。当時、女性は東京帝国大学に入れなかったんです。それで彼女みたいな優秀な女性はみんな東京文理科大学に入ったんですよ。だから、先輩にはおっかない女性がたくさんいましたよ。

――　今と違って当時の心理学っていうのは、臨床心理学とかカウンセリングっていうのは全然ないんですよね？

成瀬　うん、ないの。その前のことは私はあんまり詳しく知りませんが、田中寛一[4]先生が教授をやっていたんだから知能検査とかそんなことばっかりやっていたんでしょう。それで、そこでは教育相談っていうのをやってました。

――　田中寛一先生がもう教育相談を始められていた？

成瀬　日本では最初の教育相談部[5]で、大学のなかにありました。大学も高等師範も一緒くたでしたけどね。そこでは卒業したての人がウロウロしているわけですよ。そいつらのたむろ場所だったの。

――　一般からクライエントさんを受け入れてらっしゃったのでしょうか。

成瀬　うん、受け入れていた。でも、当時やっていたのは知能検査とか性格テストだけ。それも子どものテストばっかり。卒業後は明治大学で小熊虎之助[6]先生のところで助手補をやってたんだけど、そこから帰って、東京文理科大学で教育相談をやることになったんです。それで僕は催眠術をやるっていうんで、異様なクライエントがいっぱいきたんですよ。でも、そのおかげで、少しずつ経験が広がったんですけどね。あのころは慶應の幼稚舎と、高等師範学校の附属小学校っていうのが東京では一番、小学校としては名門中の名門でした。だから、そこを受けたい人は知能検査の武者修行にくるんですよ。

――　先生が大学に入学されたころにいらしたのは、田中寛一先生とあとはどなたでしょうか。

成瀬　武政太郎[7]先生です。武政先生は発達心理学っていう大きなものをお作りになったんですよ。その二講座しかなかった。それで戦後に公職追放令っていうのが出て、これは戦争に協力した人たちを公職から追い出すってものなんだけど、それをパージって言ったんです。で、パージされた人のなかに武政先生も入っていた。発達心理をやった人ですから、たいして協力はしてないんですけどね。そのころだから、いろいろな誹謗中傷がいっぱいあったんですよ。それに武政先生も引っかかっちゃってお辞めになってしまった。そこへ小保内虎夫《おぼないとらお》[8]先生が後任としてお入りになったんです。その小保内先生に一年生のときからちゃんと教わったのは僕たちが最初なんです。小保内先生に言わせると、それまでの教育心理学なんていうのは学問じゃない、あれは心理学じゃないよっていうことでした。「心理学でやるのは実験心理学中でも知覚に決まっている」と。

――　では、先生が入学されたときは、田中先生と小保内先生の二人？

成瀬　田中先生も、もうお辞めになっていた。それで、武政先生がダメで。それでその後、東大の哲学科を出てウェルトハイマーのところに勉強にいってそこでゲシュタルト心理学をおやりになった中村克巳[9]って先生が帰ってこられたんです。当時はまだビヘイビアリズムの全盛じゃないんですけど、客観主義っていうのはあって、中村先生はその客観主義の心理学っていうのをずっとおやりになっていた。僕は三年間、それを気に入って聞いたんですが、僕が卒業したくらいのときにビヘイビアリズムがバッと入ってきたんです。それまでは心理学っていうのはゲシュタルトでしたから、みんなドイツ語でやっていたんです。

――　授業がドイツ語だったんですか？

成瀬　ドイツ語も毎日二科目ぐらいずつありました。全部ゲシュタルトが中心でしたから、ケーラーやレヴィンを勉強しました。直感像素質者の研究で有名なイエンシュという人がいましたが、戦争中はヒットラーに協力して政治的に偉くなってたんだけど、戦争で負けていっぺんに消えちゃったんですよ。それで戦後はアメリカが入ってくるようになったんです。日比谷に日東紅茶のビルがありまして、そこにアメリカの図書館がありました。アメリカの本が入ってくるのはそこだけだったんですね。そこへ入ってきたのが、スキナー[10]を中心にした本と、ハル[11]を中心にした『プリンシプルズ・オブ・ビヘイビア』[12]っていう本。僕は卒業論文で知覚をやったんです。だけど催眠術をずっとやっていましたから、卒業のときに論文をもう二つくらい先に書いちゃってました。毎日アルバイトにいっていた中学校でイメージの実験をしてたんですが、それを論文にしました。それが『心理学研究』[13]に載って、それで第一回速水賞[14]をもらったの。そのときの僕の論文は、イメージ論で非常に主観的なものでした。僕と一緒のときに速水賞をもらったもう一人が、北海道大学で教授をやっていた梅岡義貴さんで、この人は魚がどっちに泳いでいるかっていうことを研究してた。つまりビヘイビアリズムですね。梅岡さんのビヘイビアリズムと僕のイメージとが最初の速水賞をもらったんです。速水賞というのは、戦前に速水滉《はやみひろし》さん[15]が、毎年の論文の良いのに千円ずつやってくれって五千円寄付してできた賞だったんです。戦前の千円ですよ。戦後でも二百円あれば家が建てられたんですよ。

――すごい大金なんですね。

成瀬　でも、僕がもらったのが昭和二十八年だから、千円なんていうのは一回酒飲みにいったらなくなっちゃうくらいの金額になっちゃってた。その後、僕はイメージよりも精神分析を一所懸命にやっていたんだけど、それがあんまり僕には合わんなあ、どうもビヘイビアリズムのほうが合うなあということで、ハルの論文なんか読んでいたんですよ。ハルって人は催眠を研究したことがある人なんです。知ってる？

――ハルはもちろん知っていますけど、催眠をやったっていうのは……。

成瀬　面白いのが、いつだかスタンフォードのヒルガード[16]の部屋へいったとき、机の前の壁のところに写真を貼っていたの。それは催眠術の様子を写した写真なんだけど、かけられている人は学生で、その学生がヒルガードなんですよ。それで催眠術をかけてるのがハルなんですよ。

―― えー！

成瀬　ハルとスキナーは全然違うでしょ？　スキナーはもう徹底したメカニズムですからね。一方、ハルやお弟子さんのマウラーは催眠術なんかやっていた人だから、ああいう人たちはみんなちょっと違うんですよ。その人たちは僕に合うんです。とにかくイメージをやって速水賞をもらったから、一所懸命でね。だけど、だんだん世界中でビヘイビアリズムが主流になってきて、イメージなんて主観的なことやっていちゃダメと思うようになってきた。『サイコロジカル・アブストラクト』を十年分くらい引いても「イメージ」って一つも出てこないんですよ。それで、だんだんやる気がなくなっちゃって、一九六一年にアメリカへいったんですよ。

催眠との出会い

―― 先生が催眠と出会われたのはいつごろでしょうか。

成瀬　大学一年のとき。戦後に日本応用心理学会ができたんだけど、その二回目か三回目の学会のときに、中村古峡[17]先生っていう精神科のお医者さんの、催眠についての特別講演があったんです。僕はインチキに違いないと思っているから、ど真んなかの席でかぶりつきで見てたわけですよ。そうしたらこれは本物だなあと思って、それからやみつきになっちゃったの。

―― 中村古峡先生が実際に誰かに催眠をかけてるところをライブでご覧になったんでしょうか。

成瀬　そうそう。

―― それでやみつきに？　最初は疑われていたんですよね？

成瀬　催眠術はどうせインチキと思っているからさあ。あなた方は今でもそう思っているでしょう？（笑）

―― 先生を惹きつけた何かがあるんですよね。

成瀬　こんな面白いものはないのに、どうして心理の連中はやらないんだろうっていうのがそのときの気持ちです。

―― 中村古峡先生は、学生さんに催眠をかけられていたんでしょうか。

成瀬　どういう人にかけたかは忘れちゃいました。今、考えるとあまり上手じゃなかったんですけどね（一同大笑）。とにかく本物だっていうことはわかりました。

―― でも、大学のなかで、催眠をやっている先生はいないわけですよね。

成瀬　いません。「そんなことやったら君、心理学者になれないよ」って言われてたんですよ。

――そうですよね。

成瀬　なので、やっぱり心理学者になりきれませんでしたね。

――いや、なっていらっしゃる（一同笑）。

成瀬　僕は催眠術やイメージなんていうものをやるわけですが、オーソドックスな旧帝国大学系、それには東京文理科大学も入るんだけど、そういうところではそんなインチキらしいものはやらないんだという意識があったわけですよ。念写事件っていうのをご存知ですか？　東大の文学博士第一号の福来友吉《ふくらいともきち》助教授[18]、これがすごい秀才だったらしいんですが、この先生が催眠の心理学の紹介をお書きになられた。当時としては非常に良くできた本でした。それをお書きになって、近々教授になるはずだったんですが、その先生が「念写は可能なんじゃないか」って言い出したんです。そしたら理学部の物理の教授から「非常識だ」って言われて、理学部の先生たちが検証にいくことになった。そのときにカメラをかついでいったのが、寺田寅彦[19]だったそうです。それでどうも、そのときは仏様は出ちゃったそうです。でも、細工ができないようにカメラを髪の毛で封印しといたのが切れていたって言うんで、もう一回やり直そうという話になったんだけど、結局そのままになっちゃった。その福来先生の下に大槻快尊《おおつきかいそん》って[20]いう講師がいて、この人がもう徹底した実験心理学者だったんです。だから、助教授と講師の間で相克があったんじゃないでしょうかね。結局、大槻先生は上がっていったみたいです。教授になったかどうかは、僕は知りませんけどね。それで福来さんがお辞めになったんだけど、彼に教わっていた人たちがいるんですよ。この人たちが非常に僕に好意的だったんです。それで、速水賞の選考のときにイメージの実験でも票が入ったんでしょうね。河合隼雄君を助教授で採《と》った、あの連想反応をやっていた京都大学の教授がいたでしょう？

――倉石精一先生。

成瀬　うん、倉石さん。彼は催眠術が大好きで、僕は京都へ何度もいったんですよ。そのときに、村山正治君とか、斉藤久美子[21]さんなんかに出会ったんですよ。斉藤女史に会うと、「あのときに催眠術にかかっておかしかった」っていっつも言うんですよ。

それから文理大にきていた小笠原慈瑛《おがさわらじえい》って[22]いう知覚の先生なんかも催眠術に好意的だった。あの世代の人っていうのは催眠術にみんな非常に好意的だったんです。当時はもう『変態心理』[23]っていう雑誌が出ていた。まだ『心理学研究』はなかったんですよ。最初に出たのは『変態心理』だったんです

――学術誌ですね。

成瀬　だけど実際にやっている人はほとんどいなくて、催眠術の「お話」とかしかなかった。二重人格の話なんかを、哲学者がしていた。まあ昔は心理学って哲学科でしたからね。そういう人たちがやっていたんだけど、今で言えば臨床心理の先駆けみたいなもんですよね。それが東大でペシャッと潰れちゃって、それで実験心理に変わっちゃった直後くらいに僕は催眠術をやりだしたわけです。

臨床心理学における日本初の事例研究

――そうすると学内で応援してくれる人は誰もいない？

成瀬　小保内先生がまず真っ先に応援してくださった。やっぱり小保内先生のおかげです。

――やってもいいと？

成瀬　やれと言うわけ。ただ気に入らないのは、小保内先生と共著にさせられるんですよ。僕は嫌なんですけどね。論文を書いて持っていくと、僕の名前の上に「小保内虎夫」って書くんです。それで、書き直してまたいくときに小保内先生の名前を外していくと、また書き直すんです。

――上に？（一同笑）

成瀬　そのころ、『心理学研究』には編集委員を通して提出しろっていう投稿規定があったんです。だから自由に投稿はできなかった。小保内先生は編集委員だったんだけど、その編集委員が自分の名前を付け加えろって言えば、ちょっと拒否できないよね。やだよっていつも消して出すんですが、また加えるからね。そのうちにあんまりひどいと思われたんでしょうね、小保内先生が僕の名前の下に書かれるようになったんですよ（一同笑）。だから僕はうちの連中にも共著っていうのは絶対やるなって言っているんです。共著については僕は非常に神経質。

――それでも、応援はしてくださったんですね。

成瀬　それはもう。「君、これやりたまえ」ですから。

――それがなかったら大変だった。

成瀬　それはもう、そんなことをやっていたら追放ですよ。当時はパージになると「追放」って言ったんです。

――当時は実験もやられていた？

成瀬　実験は一番オーソドックスですから。臨床は余技でやろうと思っていたんです。そしたら塩入円祐[24]先生ってい

う方が、「ぜひいらっしゃい」って言うから慶應義塾大学でイメージの実験の話をしたんです。そしたら、そりゃあ学会に出したほうがいいんじゃないですかという話になった。依田《よだ》 新《あらた》[25]先生も理解があったんだけど、宮城《みやぎ》音弥《おとや》[26]先生からも「ぜひやりなさい」って言っていただいたんです。この宮城先生のところへいく学生っていうのはちょっと変な人が多くて、梁山泊みたいなところでした。それで、学会で発表して『心理学研究』に出したら、速水賞になったわけです。そのときに投票してくれた人が、福来さんのお弟子さんたちだったわけですよ。東北大学の文学部の教授や、全然知らない先生方から、「あなたの研究はボッチの残像と非常によく似ているから、ボッチの残像を勉強してああいうことをやりなさい」などと言われましたね。そういう偉い先生からずいぶんいろいろと励ましてもらったんですよ。でも励まされるのはありがたいけど、世界の大勢とは大きく違っているわけでしょう？　なかなか大変でした。

――受賞されたのは実験研究ですか。

成瀬　そう。イメージの実験研究。

――先生の最初の臨床事例っていうのは、例のおねしょの事例でしょうか。

成瀬　いや、みんなはあんなものは研究のうちに入れていないわけです。それこそ余技の余技くらいで。

――でも、口頭発表はされたんですよね。

成瀬　そのときに質問したのが友田不二男[27]さん。僕は友田不二男さんの後任として相談部の助手になったんです。その友田さんが質問して、「洞察がないんだから本当には治ったんじゃない」って言うから、「じゃあ本当には治ってないけど良くなった」という話になったんですね（笑）。それが日本応用心理学会の五回目くらいのときだったかな。

――日本初の事例研究？

成瀬　おそらくそうでしょうね。

――先生は当時から実験もやられているし、実際のクライエント援助もされていた。

成瀬　だって、相談部っていっぱい変な人がくるんですもん。それで僕は三人いる助手のうちの一番ぺーぺーの助手なんですよ。偉い助手は窓際に机があって、僕はぺーぺーだから入り口のところに机があるんです。それで、人が訪ねてくると向こうのほうばっかり見て「成瀬先生はおいでですか？」って言うから、「いますよ」って言う。やっていることが催眠術って、ちょっとインチキっぽくて、その上、名前が成瀬「悟策」って古臭い感じだから。窓際ばっかり見ているわけですよ（笑）。

―― 手前にいる青年だって思わない（笑）。

成瀬 手前にいる若者が良かったんですけどねえ（笑）。

助手時代

―― 東京文理科大学の助手になられたのは、いつでしょうか。

成瀬 一九五〇年に卒業して、その年いっぱいは明治大学の助手補をしていて、一九五一年の六月に東京文理科大学の助手になりました。東京文理科大学はしばらくしてなくなることになって、一九五三年に東京教育大学っていうのができたんですが、そのときに編成のし直しがあって、東京文理科大学の助手と東京教育大学の助手とをかけ持ちすることになった。

―― 兼任されていたわけですね？

成瀬 名目上はね。だって、「東京教育大学東京文理科大学」という名称でしたからね。それで東京教育大学になってからは教育相談部の助手ということになったんです。

―― どういうことをなさっていたんでしょうか。

大岳の自宅にて

成瀬 助手は講義をしないの。でも、今あそこにいる牧野順四郎君（筑波大学）とか、もう一つ上くらいの人たちは最後に僕が指導した連中なんです。牧野君はずっと僕のことを小保内虎夫先生だと思っていたそうです。だって、小保内先生が授業をやらないもんだから僕が代わりにやっていたんですよ。何をやるかっていうと、学生を集めて催眠術をやったり、テストをやったりして指導したわけですよ。だから、彼らはずうっと僕のことを小保内虎夫だと思っていたらしい（一同爆笑）。

―― そうすると、当時の本来のお仕事は？

成瀬 当時は催眠じゃなくて教育相談一色ですよ。それが本職です。だから朝から晩まで知能検査とか適性検査とか性格検査ばかりやっていたわけよ。それで暇なときに催眠術をやっていた。検査は検査。催眠術は催眠術。で、変な奴がくると、催眠術をやるわけですよ。

――先生が学生のときは、教えてくださる方が誰もいなかったわけですよね。そうすると独学になるんでしょうか。

成瀬　僕の時分は、臨床心理ってものはない。だからスーパーバイザーもいない。でたらめやっていたわけですよ。

――でも、海外の文献を読まれていた。

成瀬　読むだけで、何をやっているかはわからんわけですよ。

――中村古峡先生の催眠術にかぶりつきでご覧になっただけで？

成瀬　うん。そのころはもう中村先生は亡くなっていたんじゃないかと思う。

――では、一番先生に影響を与えた催眠の本は？

成瀬　それはたくさん読みましたが、実験をキチッとやっているのはハルなんですよ。でも、ハルはダメ（笑）。どうしてダメかって言うと、彼は後に「ルネッサンス」をしてしまうからです。彼が心理学の研究に導入した唯一の方法っていうのがコントロール・グループと比較するという方法で、あれは心理学のなかでは画期的な方法でした。薬剤でもコントロールを使うでしょう？　その最初がハルなんです。コントロール・グループと、実験グループとを比較してみると差がないって結果が、催眠だからできると言われている現象のほとんどに出ちゃったんです。つまり、催眠術でこういう現象が起こると言われていたのを、そうじゃないコントロール・グループ（催眠術にかからない人びと）にやらせてみても同じような結果が出てしまった。それで催眠という特別なものはないんだという結論をハルは出したんです。それがもとで彼は学習に移っていった。だからハルについて評価すれば、あの催眠実験は若い連中にやらせていたから、下手な催眠屋さんのやった実験結果の集積だっていうのが僕の評価です。

――なるほど。心理統計処理以前にデータの質の問題ですね。

成瀬　方法、手順をきちっとやれっていうわけ。だから、現在のヒルガードを見てもハルと同じなんです。僕はアメリカのクリニカル・ヒプノーシスのディプロマを持っているんですが、ヒルガードはエクスペリメンタル・ヒプノーシスのライセンスしか持っていなかった。だから最初に会ったとき、ヒルガードは僕のことを羨ましがってました。もっともその後、彼も取りましたけどね。ヒルガードは世界的に有名な催眠の研究者になっちゃったんですが、彼には催眠の程度を測る尺度があって、この実験はこういうレベルの被験者にやるとこうですっていう結果を出しているわけです。それに、テスト項目が十あって、たとえば「蚊がブンブン音をたてています」っていう項目があって、それが聞こえればマル、聞こえなければバツなんですよ。それでマルが十のうち五つあれば中くらいの深さとか、十あれば深いとかっていうことを言ってるんです。ところが、「ブンブンする音が聞こえる」っていうのも聞こえるような気がするっていうのもあるし、微かに聞こえるような気もするとか、うるさいとか、程度によってみんな違うわけですよ。その区別をヒルガードは全くしていないんです。僕のテストはわけなくちゃダメだって言って、みんな四段階にわけてあるんですけど、ヒルガードはマルとバツだけでやっていて、これが世界中に通用しているんです。そうすると、結局、ヒルガードも相変わらずハルと一緒で下手な催眠術屋の実験っていう話になっちゃうんですよ。

――ヒルガードもハルと同じだと。

成瀬　ヒルガードは催眠の深さとか、かかりやすさっていうのは、パーソナリティ・トレイトだとした。だから生まれながらの傾向っていうのがあると考えているわけです。どうやっても催眠術がかからない人がいたり、もともと非常にかかりやすい人もいる、と考えているわけですね。ところが僕は全然そう思ってなくて、誰でもかかると思っている。かからない人がいるんじゃなくて、かけ方が難しいだけなんだ、と。

――先生は「心の構え」って言われますよね。

成瀬　ミルトン・エリクソンとこの話をすると、もうそれはトレイトじゃなくって、かけ方によって違うと彼は言うわけですね。で、ウオルバーグっていう僕が尊敬している心理療法の伝道師みたいな人がいて、彼はエリクソンと仲良しなんですが、ウオルバーグがどうしてもかからないクライエントをエリクソンのところに送ったら、エリクソンはしっかりかけちゃったって書いている。

――じゃあ、エリクソンは人柄はともかくとして、催眠術をかけるのは上手かった？

成瀬　上手かった。あの人は人柄が怖いの。だからかかっちゃうんですよ。怖いけど、優しいことを言うしね。幅が広かった。

――先生はたくさんの外国の方々とも交流がおありなん

ですが、その他の方のお話も伺えますか。

成瀬　僕が日本の『心理学研究』にイメージの論文[28]を出したんですが、それが『サイコロジカル・アブストラクト』に載ったんです。それが載ったところに、戦後に戦地から戻ってきたサイカイアトリスト（精神科医）、サイコロジスト（心理学者）、それからデンティスト（歯科医）などからなるアメリカの催眠のグループが学会を作ったんです。この学会はレベルの高いものにしようと学術博士の学位を取っている人だけしか入れないってことにしたんで、会員が百二十から百三十人しかいない学会だったんですが、ものすごい意気盛んな学会でした。あそこの学会のほとんど全員が自分の論文の抜き刷りを送ってきたんです。また、私の催眠イメージの研究論文を英語で再録するって言うんで、最初から三回くらいの実験を載せてくれたんです。

――向こうの学会誌が？

成瀬　向こうもちょうど学会ができてホヤホヤで、ＰＲする必要があって、日本でもこういう実験があるよって紹介する必要があったもんで載せてくれたんです。そうしたら世界中からどんどん論文がくるようになったの。

――それは何年ぐらいのお話ですか？

成瀬　最初の英文論文が載ったのは、一九六三年。あそこの学会誌の第二巻でした。

――シュルツとの共著を出されたのは？

成瀬　シュルツはずうっとあと。それは一九六四年、僕が九州大学にきてからの話ですから。

――その前のお話なんですね。

成瀬　それこそ誠信書房で一番初めに出してもらった本がありましてね。一九五九年に出した『催眠面接の技術』っていう本。これは売れたんですよ。

――誠信書房だったんですね。

成瀬　そりゃ売れたんだよ（一同笑）。

――何十刷りになったっていう？

成瀬　五十版くらい出してんじゃないかな。生まれて初めて書いたものがものすごく売れた。当時、僕は今のプリンス・ホテルの近所、昔の巣鴨プリズンの敷地のなかに住んでいたんだけど、池袋の本屋へいくと僕の本が五冊くらい並んでいるんですよ。それで「あ、五冊あるな」って思って、次の日にいくともうないんですよ。それでまた次の日にいくとまた五冊くらい乗せてある。それでまたいくと品切れになっている。そういう時期がありました。

――それはニューヨークにいかれる前でしょうか。

成瀬　『催眠面接の技術』を出して、翌年に『催眠[29]』という本を出してからニューヨークへいったんだと思います。

――英文の論文は？

成瀬　一九六三年ですからね。最初に出たのは。

――じゃあ、ニューヨークのあとですね？

成瀬　うん、ニューヨークにいってから。

ニューヨークでイメージが復活

成瀬　一九六一年にニューヨークへいったとき、僕はもうイメージをやる気がなくなっちゃってたわけです。でも、論文をみんなで検討するから出てこいって言うんで、メニンガー・ファンデーションで三時間くらいディスカッションしてもらったんですよ。これは僕がイメージを本気で検討してもらった最初で最後のことでした。ディスカッションが終わって、どっかお茶を飲みにいこうってみんなでゾロゾロと歩いてたら「これからイメージでどんなことを実験するの？」って聞かれて「もうやらないんだ」って答えた。すると「どうしてやらないの？」って言うから、「世界中で誰もやっている人いないからやらない」って答えると、「どうしてこんな重要な研究をやらないのか」って言われて。まあ、アメリカ人ってお上手者でしょ？　だからそういうことを言うんだとばっかり思っていた。ところが、一九六一年にロバート・ホートっていう人が「イメージの復活」っていう論文を書いたんですよ。この人はワシントン広場にあったニューヨーク・ユニバーシティ（私立のニューヨーク大学）の人だったんです。それがきっかけで一九六一年以後、イメージの研究がバーッと盛んになったんです。それが今に続いているんです。

――それは全米で？

成瀬　世界中で火がついた。それがイメージの国際学会の一部分になるわけです。だけど私について言えば、いっぺんエンジン・ストップをしたやつはダメね。再起動するっていうのは大変難しい。それでもう実験はやらずじまいになっちゃったんです。臨床のほうはそのままやってんですけどね。そういういきさつで、イメージをやっていたんですけど、面白いことに誰もやってないと自信がなくなっちゃうんですね。こんなことやっていて大丈夫かいな、って思っちゃうの。

――そう思われるくらい日本でイメージをやっている先生は他にはいらっしゃらなかった？

成瀬　全然。だって日本は外国のものしかやってないし、世界を見てもやってないんですもん。ところがロバート・

ホートのところでやっていた。あれから、待ってましたって如くイメージが盛んになりました。

——それをご存知でニューヨーク大学へいかれた？

成瀬　知らないでいったんです。催眠の学会で第一回の国際学会をやるからシンポジウムに出てこいって言われてニューヨークへいったんです。それで、どうせいくんだから誰かのところへもいくかっていうことでメニンガー・ファンデーションのラパポート[30]っていう人のところへいったんです。あなたはご存知でしょう？

——はい。ラパポートはロールシャッハですから。

成瀬　彼はロールシャッハとか、サイコロジカル・テスティングを総合的に見ましょうっていう提案をして本を書いたことがある人です。ラパポートと僕は親しくって、彼は自分の本や友達の本をみんな送ってくれるんです。それで僕のほうは、彼の娘が切手を集めているんで日本の切手を送ってやる。するとすごく喜んで、もっといろいろな本を送ってくれる。そんな仲だったんですが、ラパポートが「メニンガー・ファンデーションからニューヨーク・ユニバーシティにいったロバート・ホートに紹介するから、お前はニューヨーク・ユニバーシティにいけ」って言うんで、それでホートのいるニューヨーク・ユニバーシティへいったんです。

——そうして、一九六一年にニューヨーク・ユニバーシティの客員助教授になられた。

成瀬　それで一九六二年に帰ってきた。

九州大学教育学部へ

——帰国していきなり九州大学教育学部に赴任された？

成瀬　一九六二年に帰国して、東京教育大学には戻らないでそのまま追放されちゃったんですよ（一同笑）。スタンフォードにいるときに「お前、九州大学にいくことになったよ」っていう連絡をもらったんですよ。

——海外にいる間に所属が変わっちゃったんですね。

成瀬　いない間に追い出されちゃったの。一年で帰国するというのが出発時の約束だから、僕は帰ってこなくちゃいけないって思ってた。帰ってきたら九大で、「所属が変わったんだから、もう一年いたいよって言えば向こうにいられたのに惜しいことしたね」って言われました。

——九州大学にいかれても催眠とかイメージをやられる先生は全然いらっしゃらなかった。

成瀬　いたいた！　池《いけ》見《み》酉《ゆう》次《じ》郎《ろう》さんとか、前田重治君とか、それに蔵内宏和君ってすごい秀才もいた。みんな東京にいたときに僕のところへ催眠術を教わりにきていた連中です。蔵内君というのはすごい優秀で、前田君と共著で『現代催眠学　暗示と催眠の実際』[31]という本を出した。これは今でも売れていますよ。その本は、蔵内君が僕の家に泊まったときに、俺はこういうふうに作ったよってできていた僕の原稿を彼に見せたら、彼はほとんど寝ないで写して帰ったんですよ。それで出たのが『現代催眠学　暗示と催眠の実際』なんです。で、それを慶應で出すことになったんだけど、催眠術なんか売れないんじゃないかって言うんで、社長が僕のところへ相談にきたことがありました。社長は「千部だけ出したいんだけど」って言うから、「いや、僕はこんなふうに誠信書房で出して売れてんだよ」って言ったら、思い切って三千部出したんです。当時は心理の本って千部売れればいいほうだったんですよ。三千部出したら、僕のほどじゃなかったけど良く売れました。

医学部で臨床講師をつとめる

成瀬　前田君たちは、そのころはベテランになっていた。もう自律訓練もやっていました。僕は教育学部ですけど、池見さんが心療内科を作ったんです。それで心理の人も成瀬さんに入ってもらいたいって言うんで、僕は九州大学医学部の非常勤講師をやっていたんです。

――今でもあそこには心理室がありますよね。

成瀬　当時はないんです。そいで僕は臨床講師でした。

――医学部の臨床講師？

成瀬　だから牛島義友《うしじまよしとも》さんは、「あれ？　あんたは講師ですか？　医学部の講師に心理でなった人はこれまで全くいませんね」って言っていたもん。

――そうですね。心理学で医学部の講師は先生が初めてだった。

成瀬　初めてじゃないかな。そのときに心療内科で何か自分たちの独自の方法がほしいねっていうことになって自律訓練法を取り入れさせたんです。そこへ第一期にフレッシュマンで入ってきたのが四人で、そのなかに佐々木雄二君もいました。彼らに僕が催眠術を指導したり自律訓練をやらせたりしてたわけですよ。

――へえ、佐々木雄二先生の師匠なんですね。そこで講義をしたり、学生であった当時の佐々木先生たちに自律訓練を教えたり。また、教育相談もお続けになられた？

成瀬　いや、やりませんでした。

――そうすると、その当時は心療内科の講師がメインのお仕事で？

成瀬　いやいや。教育学部の指導。

――教育学部で講義をして、お弟子さんを育てられたんですね。

成瀬　まあ、育てるっていうほどじゃないけど、みんな自分で勉強したんでしょうね。

――お弟子さんはたくさんいらっしゃいますよね？

成瀬　うん。いるいる。みんな偉くなった。

――佐々木先生は医師でいらっしゃるので、心理で最初のお弟子さんって言うと？

成瀬　東京教育大学のときの大野清志とか林茂男とか。それから一番末弟が長谷川浩一ですよ。

――末弟が！

成瀬　もっと下が小川捷之《おがわかつゆき》ですけどね。

――えー！

成瀬　いつもみんなで集まるときは小川捷之か長谷川浩一がお茶をくむ役なんですよ。

――先生は医学部で教えられて、さらに心理の後輩も育てられたんですね。

成瀬　育ててないよ、怒っていただけ（一同笑）。

――当時、日本で先生のように催眠を実際にやられていた方はいらっしゃるんでしょうか。

成瀬　臨床をやっている人はほとんどいませんでした。それなのに、みんな自分が臨床家だって言うから、僕はいつも怒っていたわけですよ。当時は慶應でも心理療法っていうのに全く関心がなかったから、クライエントがくるといろいろと調べてレッテルを貼ってあとは薬を出すだけだった。それで心理療法をやることになると「あ、これは成瀬先生のとこ」って僕のところへ回ってくるわけですよ。誰も心理療法なんていうことに関心もなかったし、やる人もいなかった。

――当時は、医師でも心理でも？

成瀬　医者は今でも熱心じゃありませんよ。あのころ、本にも全く心理療法っていう言葉がなかった時分に僕はやっていた。むしろ僕が一緒に勉強していた人の多くが精神科の医者で、催眠療法を一番熱心に取り入れたのは内科系・小児科系で、産婦人科でも取り入れてましたね。僕が非常に心外なのは、九州へきても病院の指導にいっているわけですよ。ところが、今は精神科の医者に心理学のみんなが教わることになっているってことです。とんでもない。僕は、学部の二、三、四年を指導してある程度できるようになってマスターになると全部を病院にいかせていた。そのときは、もう心理療法の専門家なんだからちゃんと払いなさいと、当時で一日二万円くらいですから相当に高い賃金を取っていたんですよ。当然ですよね。今はみんながそうじゃないので非常に僕は不満なんです。だから精神科の医者で心理療法をちゃんとできるなんてのは未だにおらんですよ。いつも最後は薬でしょう？　そいであとは心理の人にやってもらいましたって言う。それでまた、心理でやっている連中もあんまりちゃんと勉強してない。

――　はい（一同笑）。

成瀬　心理の人たちが、心理療法ができるのは俺たちなんだという自信をもっと持てないといけないんですよ。

――　そうですよね。私たちの本業なんですからね。

成瀬　そうなんです。

――　私たちは本来サイコセラピストなんですよね。

成瀬　そうなの。だから、やっぱりサイコセラピストのなり方っていうのをもっとちゃんとやらなくちゃいけない。

精神分析を受ける

成瀬　当時は本当にアメリカは精神分析ばっかりだったんです。そのころの僕は精神分析っていうのが本当にどういうことをやってるかわかんない、それで古沢平作《こざわへいさく》[32]先生のところへいったんです。

――　そこに通って精神分析を受けられたんですよね？

成瀬　もちろん！　教育大のときに二年ほど通いました。あのときやっていた連中のなかでは僕が一番長く通っていた。小此木啓吾君は僕よりあとからやったんですが、彼は一年くらいしかやってない。前田君たちもみんな一年くらい。だから彼らの本格的な教育分析は、一年くらいだと思います。

――　先生は本格的に受けられたんですね。

成瀬　そりゃあ良かったですよ。蔵内君が「成瀬さん、変わりましたね、男性的になった」って言うくらい変わったらしい。ところが古沢先生の話と僕の体験の話がどうしてもチグハグになっちゃうんですよ。イメージがいっぱい出ましたから、僕はすごく面白かったですけどね。古沢先生がそれについて説明してくださるんだけど全然ピンとこない。だからダメだなあって思ってたら、二年くらいで「あなた、もう教育分析をやらないでも大丈夫だから、ケースをやりましょう」ってなって終わりになったんです。

ある時期、土居健郎さんも僕と一緒に受けていました。

それで僕は土居さんに非常に被害を受けたんですよ。土居さんは古沢先生と意見が違っちゃったのね。それで古沢先生に内緒でメニンガー・ファンデーションにいっちゃったんです。[33] そうしたら古沢先生がものすごく怒ってしまって、僕の面接の時間に「土居健郎っちゅうのはこんな悪い男だ」っていうことをさんざん言うわけですよ。ちょうど僕はアグレッションが出始めたころで、アグレッションを古沢先生に出そうとしているのに古沢先生が土居健郎はこんな悪い男だって先にアグレッションを出してくるわけ。僕がそれの聞き役をやるわけですよ。そこまでならいいんですけど、分析が終わると僕は相談部っていうところに帰っていくんですが、そこには僕と一緒に勉強をやった大野清志とか、あの辺にいるあのレベルの学生がいるわけですよ。そこで一緒に勉強会やっていると、この野郎こんなアホん面しやがってっていう気がしてきたんです。なんでこんなに腹が立つのかな、おかしいなと自分でも思っているんですけど、とにかくアホん面に見えるわけです。いつもと同じ時間に出てきよるのに、「遅くきやがって」と腹が立ってしょうがない。そうやって僕が怒りまくるから、学生たちもびっくり仰天でオドオドしてた時期がしばらくありました。それは古沢先生のせいなんですが、もとを正せば土居健郎さんが悪い。土居さんにはそのうち話そうと思っているんだけど、なかなか喋る機会がない。

——先日、お会いしましたけど、一時よりもお元気そうでした。

成瀬　そうですか。

——そういうことがあったことを、まだ土居先生はご存知ないんですね。

成瀬　ぜひ彼に話したいと思っているんですよ。古沢先生は、土居健郎がどういう悪い男かってことばかり毎回言うんですよ。そのときに初めて、感情転移というのはこういう恐ろしいもんなんだなということを実地に体験しました。

——本格的に精神分析を体験されたけど、先生はアナリストにはならなかった。

成瀬　蔵内君と前田重治君は九大から派遣されてきていたんですが、蔵内君の身内が代議士だったんです。それで小保内先生から呼ばれて「蔵内代議士から頼まれたから催眠術をみてやってくれ」って言われて二人が僕の家へきたんですよ。すると彼らは「我々は催眠術をやる気はありません。ただ、フロイトと同じ道と、経験を辿りたい」って言うんです。それで僕が「フロイトは催眠術をやっていて、ああいう体験をした」って言うと、「ぜひフロイトと同じ体験をしたい」っていうことでずうっと催眠術を一緒にやることになった。私も同じように古沢先生のところへいったとき、「私は精神分析をやる気はありませんけど、とにかく精神分析でどういう体験があるかっていうことを知りたいので、ぜひその分析の体験をしたい」っていうことで始めた。当時は精神分析なんかやっていたら、それこそ追放されちゃいますから大学に内緒でいくんですよ。精神分析なんていうのは科学じゃないですから。催眠術なんかやりゃあもっと悪いっていう時代だから全く内緒でやったんです。今でこそ何でも臨床って言えば通用するっていう時代、昨日までネズミの実験しかやってなかった人が「今日から臨床です」って言う人がいる時代ですが、当時は臨床なんてやったら大学にはいられない時代だったんです。でも、体験してみると話が食い違う。だから精神分析はあかんなあっていうことになった。ちょうど僕の分析が終わったころに日本精神分析学会が発足したんです。それで「入ったらどうですか?」って言われたんだけど、「もう要りません」って。それでも第一回の学会にいったんですよ。第一回に参加したときの僕の印象記が第一号に載っています。お偉方が「腹が減った」なんていうことをシンポジウムの最中に喋る前代未聞の面白い学会だって書いたんです(笑)。それを読んで前田君は「成瀬さんは精神分析学会を茶化している。馬鹿にしてる」って怒るんですよ。

――この前、創立五十年を迎えた学会ですね。

成瀬　だから、あそこの古い連中はみんな怒っているんです。そういう関係なんです。

臨床動作法へ

――成瀬先生は催眠や自律訓練をやられて、どういうところで今の臨床動作法を?

成瀬　僕はいろいろやったんだけど、その途中で僕についてこなくなる人もいるわけですよ。僕はそういう人に「脱落したね」って言っているんですがね。だから催眠のときに一所懸命についてきた人は催眠しかやっとらんわけです。その後、イメージをやりましたが、そこで踏みとどまっているのもいる。藤原勝紀とかね。それから、これは学校の先生に多いんですが、脳性マヒだけを一所懸命にやっている人もたくさんいるわけですよ。医者は「ああいう儲からんものは馬鹿馬鹿しい」って言ってやらんです。心理療法で動作に入っていって、心理療法をやりだしてから入った人もいるわけですよ。だから、ところどころで停滞してった人たちも、入ってきた人もいる。

――催眠のみ、イメージのみ、脳性マヒのみとか。

成瀬　動作にいったのは全くたまたまです。僕が東京教育大学にいるときに、早稲田の大学院で催眠術の指導をしたことがあるんですが、そのときの院生の一人が木村駿君です。彼の仲間で熊谷に身体障害者の施設があってそこへ勤めてた人がいるんですよ。早稲田で僕の指導を受けてね。その彼が「脳性マヒの人は身体がカチカチなんですけど催眠術で弛《ゆる》むかもしれない」って言い出したんです。それでやってみようということになって、催眠術をかけたら動かなかった腕が上がっちゃったんですよ。

――へー。かなりのカチカチですよね？

成瀬　うん。もうカチカチよ。

――それが上がっちゃった。

成瀬　当時、福島に日本で始めての脳卒中の後遺症の老人病院ができて、そこへ講演にいったの。そのときに聞きにきてる人のなかに脳卒中の後遺症で片マヒになった人がいたんです。そいで僕が催眠術で「手が伸びて上がる」って言ったら伸びたんです。こうやって腕が上がっていって「伸びる伸びる、上がる上がる」って言って、腕が上がってびっくりしてるわけですよ。僕もびっくりしちゃって、「これ、面白い」と。

――脳性マヒの腕も、脳卒中の片マヒの腕も上がる。

成瀬　僕は障害児のためにっていうような、そんな情け心は全くないからね（一同笑）。それで、こんな面白いことはない、じゃあもうちょっと客観的にやろうってことで筋電図をつけてやってみた。するとカチカチで、ビューッって震えてたやつが、軽い催眠に入った途端に弛んでほとんど針が振れなくなっちゃったんです。

――催眠が終わると腕は戻っちゃうんでしょうか？

成瀬　ちょこっと戻る。

――でも、良くなっているんですね。

成瀬　でも、やっぱり戻るねっていうことだったんだけど、やっているうちにだんだんと動くようになっちゃった子がいた。それでそのうち催眠術は疲れるねっていうことで、催眠術をかけないでやる方法に変わってきたんです。

――でも、催眠でだんだんと治るわけですよね？

成瀬　うん。良くなる。それで、催眠で良くなるのはなぜだろう、じゃあ催眠じゃなくても同じことをやったらいいじゃないかっていうことで始めたのが脳性マヒの訓練なんです。手の動かんのが動くってこんな面白いことはないですから、僕はもっぱら実験をやるつもりでいたわけです。そしたら朝日新聞社が学術奨励賞っていうのをくれて、百何十万円くらいくれた。今までに心理で貰ったのは僕一人だと思いますよ。そのとき、朝日の人が「心理の人は誰かから推薦されてきても、みんなでよってたかって落としちゃうけど、先生のだけは珍しく落とす人がいなかった」って言ってました（一同笑）。それを貰ってから朝日がバックアップをしてくれるようになった。そのお金を貰う前に、僕が指導していた精神病院で一週間か十日間くらい訓練をやったことがあるんです。それを朝日が見ていて、「じゃあ、朝日の行事としてやりましょう」って言うんで、初めて第一面の大きな紙面で特別に募集して、全国から脳性マヒの子どもが三十人きたんですよ。北海道、沖縄からもきたんです。当時は、今のような荷物の配達のやり方がないから、みんな荷物を持ってオムツとかをぶら下げてきた。自動車もないから、子どもを抱っこして汽車に乗り継いできたり、飛行機に乗ってきたりしたわけです。だから一週間とは言いながら、前後合わせて十日間くらいの暇と、お金のある人しかこられないわけですよ。それで第一回目をやったんですが、僕は脳性マヒったって見たことがないくらいだからちゃんとわからんわけじゃん。それだから引っ張ったり、つついてみたりで三十人インテークで見るのに朝の九時から夜の九時までやっとったわけですよ。だからこっちも眠いし、子どものほうも眠い、見ている親も眠い。そうやってデタラメでしたけど変わったんですよ。

――でも、親からすれば、医師からは治らないって言われてて、良くなる治療法がないから必死ですよね。

成瀬　そのころは「この人は脳の細胞が死んでいて、一生その細胞は生き返らないんだから、もう治らないものと思いなさい」と言われてた。だから、「腕はないものとしてしまっときなさい」って言われて腕を手前に折りたたんでた。当時は、残存機能を使いなさいって言うんで、右手が動かにゃ左手でやれ、両手がなければ足で絵を描けということでした。で、それをみんな美談として新聞に載せたりしてた。今でもやっている人はいますけどね。あの、足で絵を描いている人は横になっているでしょう。あれはもう、からだ中がカチカチになっちゃっているわけですよ。だけど、そのカチカチになっているところを見ないで、足で描いた絵のほうを「これはええ」とか褒め称えるから、ますます硬くなっちゃうわけですよ。

――当時は筋硬直した腕を伸ばそうなんて発想は全然な

かったんですね。

「こころ＝脳」ではない

成瀬　今は脳生理学が全盛を誇っていて、何でもかんでも脳だ脳だって言うでしょ。それで心理の連中も、たとえば姿勢が脳に影響するから、このかたちができると脳が変わる、だからかたちができることよりも脳が変わることが大事だ、とか言っているわけですよ。それで今は、心理の人もみんな脳が活動するようにせにゃいかんと思っているわけですよ。

――「こころ＝《イコール》脳」だと思っている心理士は、残念なことにすごく多いと思います。

成瀬　そんなことはないんですよ。からだを動かそうと思ったら、動作でもって腕を動かすでしょう。動かそうと思わないで動くはずはないんですよ。必ず当人が動かそうと思っているわけです。僕が催眠をやって良かったのは、意識に上らないけどその人自身がやっていることっていうのがいっぱいあるということが当然のことだったというのがわかったことです。その一部分にフロイトは気がついて無意識って言った。人間のほとんどの活動は意識に上らないで、ごく一部分だけが意識されていると。だからフロイトは意識化が大事だって言う。でも僕は無意識化が大事だと思ってんです。脳性マヒの訓練をやってみて、結局、わかったことは、こうやって腕を折りたたむように肘でカチンカチンに屈げているんですね。実は自分で力を入れていながら、自分とは無関係に屈がっているから、これは脳の問題だと思ってしまう。

――でも本人は意識してない？

成瀬　意識はしてないけど自分で入れているんです。何でもないのになんでこんなになったのかって言うと、これまた脳だと思ってる人が多いわけですが、そんなことはない。これは自分で力を入れているんです。だから、弛めることを覚えればいいわけです。

――でも、自分では全く意識してないんですよね。

成瀬　全然意識してないことはないの。自分でやってんですからわかってんですよ。

――どこかでわかっている？

成瀬　そう。たとえば動きとか、姿勢、自分でやっている猫背なんていうのはもう完全に意識に上らない。今一番多いのは腰痛なんですけど、腰が反《そ》るっていうのは実は自分で反らせてんです。

―― 姿勢や所作ってほとんど自分では意識してないですよね、立ち方とかも。

成瀬 意識はしていない。でも、自分がやっていることは間違いないんです。そういうことは脳がやっているんじゃない。脳はコンピューターと一緒ですから、いかに精巧であろうと、コンピューターが勝手に動くなんてことはありえない。

―― リターン・キーを押さない限り動かないですよね。

成瀬 そのキーの押し手は自分なんです。

―― それが先生のおっしゃっている「主体」。

成瀬 そう、サブジェクト。それが脳性マヒの場合には非常に意識に上りにくい。たとえばこっちに伸ばしてごらんって言うと逆に屈げてしまう。意識では伸ばそうとしているのにね。自分でやっているのに、ほとんど自分で意識してないんですよ。これは脳がやっているんじゃないんですよ。寝ているときはみんな伸ばしているんですよ。

―― そうなんですか。

成瀬 そうなの。寝ているときにチュッチュッとからだを引っかいてやると自分の手で払うんです。なのに、起きると腕が縮こまっちゃう。

―― 動くんですね。

成瀬 動きますよ。脳性マヒはからだを動かす装置が全部整ってんです。脳卒中も同じです。やられたところは脳だけなんです。脳の局部がやられているから、それに対応したところが動かないということじゃないんです。

―― でも、授業ではそう説明されますよね。巣症状があって、脳がやられた部位に対応して障害や症状が基本的には起きるって。

成瀬 そう習った？

―― はい。

成瀬 それは間違い。脳を切断してあって、脳のこの部分が口とか手とか各部位を支配しているというふうに書いてある図があるでしょう。あれはペンフィールドという人が作ったんですが、どうやって作ったかと言うと、てんかんの患者の脳をガバッと開けて電気で刺激したんです。電気刺激をすると、そこがピクピク動いたっていうことは、これは事実なんです。

―― それで局在部位を言ったんですね。

成瀬 そうすると、脳がやられると、やられたところが支配しているからだの部位も動かなくなるから訓練したって動きっこないってことになるでしょ？

―― そうですよね。

成瀬　ところが、私も初めはそう思っていたわけだけど、全部が動くようになります。

タテ文化とは立つこと

成瀬　もともと動くようにできているからだなんだけど、動きにくい、動かしにくい部分があるんです。それが脳性マヒの場合には極端に出てくる。僕は初め、人間っていうのは立つようにできていると思っていたんですが、そうじゃない。からだは、寝ていて全身にクッとこう力を入れたりすることはできるんですよ。四つんばいをするように人間はできていたからですよね。ところが、人間の社会の持っている文化っていうのはタテになる、つまり立つことでしょう？　タテ文化の社会なんですよ。そしてこれが一番難しい。

――今、もしかして発達心理学を間違って学んでいたのかなと思えてきて……。

成瀬　そうなんです（一同笑）。それだからタテ文化に適応する必要があるわけですよ。これは最初にどうしても人間に要求されることでしょ？　それで、立たなくちゃなんないから、子どもは一年目の前半くらいからどんどん立つ練習をする。そのときにいろいろな方法が、寝返りから四つんばいとか何とかかんとか、それでまた間違った説がいっぱい残っちゃってんです。子どもはつかまり立ちするって言うけど、そんなことはない。高ばいってご存知ですか？　高ばいから子どもってパッと立つんですよ。つかまり立ちは必ず要るわけじゃない。四つんばいについても、東京教育大学のときに僕んとこへ盗癖のある子がきた。親に話を聞くと、医者のところに相談にいったら、四つんばいをしなかったせいだと言われたと言うんです。その子は歩行器を使ったから四つんばいしないうちに立って歩くようになっちゃったんですよ。そうしたら医者に「それが原因で盗癖がついた」って真面目に言われて、真面目に聞いてきたって言うんですよ。そんならもういっぺん家の周りを四つんばいで這《は》わせたらどうかっていう話をしたんですがね（一同笑）。そういう馬鹿なことがまことしやかに今でも言われてんですよ。

――そうですよね、ハイハイしたほうが良いとか言いますよね。

成瀬　立たせたときが一番難しいの。背骨はS字状に屈がったかたちをしてるでしょう。それを今、我々はからだじゅうの筋肉に力を入れて一本の軸のようにしないと上手く立てない。こういうふうに背骨は屈がってんだから、背骨に合わせたようなからだにしたほうが自然じゃないかって思っている人のほうが多い。ところが、脳性マヒで一番ひどいのは、猫背に屈がるのが一番多いんですよ。頸が反るの。それからダウン症なんかは腰が反るでしょう？　あのダウンの腰の反りっていうのは、すごいからだが不自由だからメッチャ背骨の反りへ力を入れるので反っちゃうんですよ。それで猫背になってんですよね。これはもともと動くようになる傾向っていうのはあるわけです。それをそのまんまじゃなくて、いろいろな動きを集めて真っ直ぐに立つようなことを身につけないと立てないんですよ。脳性マヒの子っていうのはあんまりからだの使い方が上手じゃないから、一部分に非常に力が入っちゃうんです。それは腰に入ったり、猫背になったり、脚の片っぽ屈げて片っぽ突っ張るとか、そういうかたちになってしまう。そういう緊張が習慣化して慢性化されて残ってんです。それと同じで、普通の人で腰痛の人っていうのはほとんど腰が反ってます。あれは背骨の腰の反りなのね。その反りが骨盤のすぐ上で曲がっている人と、もっと上のほうで曲がる人と、それから肩甲骨のすぐ下あたりでギューッと反っちゃう人もいます。それでもある程度は真っ直ぐにしているわけですよ。ところが腰を定める軸に力が入ってないもんだから、腰がグラグラの人がいるんです。この前、九州大学の歯医者の助教授がきて催眠術を教えろって言うからやったら、ものすごく反るんですね。聞いてみたら、「腰が反って一時間の手術がもたん」って言うんですよ。じゃあ腰の練習しましょうって、腰をやったらシャンとしてきました。

——そうすると、ちゃんと立つっていうことはすごく大変なことなんですね。

成瀬　立たなくちゃ人間は生活できないですからね。これだけ大事なことがほとんど臨床心理学で重視されていないっていうのは驚くべきことなんです。

——私もハイハイして、つかまり立ちして、サッと立つというふうに発達心理学で習ったと思います。

成瀬　うーん。あれはねえ……。今は脳性マヒの子でもいきなり立って軸を作らせる訓練を僕らはするんです。そうすると、四つんばいからやらせにゃいかんじゃないかって言われるんです。普通の子はハイハイからだとして、ハイハイが上手になると自然に四つんばいになって、四つんばいが上手になると、だいたい立てるようになるんです。ところが四つんばいがいくら上手になっても脳性マヒの子は、新しいことができにくいから次に進まないんです。でも、いきなり立たせてギュッとタテの力を入れさせる訓練をすると立てるようになるんです。

――　なるほど。やっぱり立つってすごく重要なことなんですね。

成瀬　誰にとってもそうなんです。それが上手くいかないから、今はほとんどの人が腰痛なんです。頸が痛いっていう場合は、頸が反る人が多いわけですよ。これも背骨の動きが極端に出ちゃっている。もともとの動きの可能性を適度に使いこなせていないわけです。それで、何を言いたいかっていうと、さっきのコンピューターと同じでキーの押し手はオレなんだということね。からだですから、オレ（押し手）が意識的に押しているときもあるし、意識に上らないで押していることもある。いずれにしても主体が、オレが動かしているんだというのに、そこのところがほとんど話題にされてなくて、脳が動かしているって思い込んで「右脳を使いましょう」ってなことを言っている。右脳を使いましょうったって、脳の右をこうたたくと右の腕や足がこう動いてくるかっていうとそんな馬鹿なことはないんです。

主体の在処

成瀬　僕が脳性マヒの子の訓練を始めたころ、からだに緊張があるのは脳の問題だと言って東大の高名な脳生理学の先生が脳性マヒをやりだしたんですよ。どういうことをするかと言うと、扁桃核《へんとうかく》に針を差し込んでそこへ油を入れて細胞を殺すという方法です。そうすると一時的にギューッって緊張していたのが取れるんですけど、すぐ元に戻っちゃうんです。元に戻っちゃうだけじゃなくて、もっと悪くなったりした。悪くなったっていうんで、その先生はいくつも訴訟を引き受けているうちに死んじゃいました。今は脳生理学者がいろんなことを言っていますが、この前は「扁桃と前頭前葉《ぜんとうぜんよう》が結びつくとキレなくなる」ってなことも言っていた。

――　それ、流行《はや》っていますね。

成瀬　実際にどんなことを言ってるかというと、幼稚園なんかでお友達と仲良く遊ぶようにすると、前頭前葉と扁桃が連携できるようになると言ってる。脳が先じゃなくて、友達と上手く遊べたり、いろいろなビヘイビアができて、ちゃんとコミュニケーションできるようになることが大事なんだということが脳生理の連中にはわかってないわけなんですね。それで脳生理の連中がこれから何をやるかって言うと、おそらくさっきの高名な先生と同じように扁桃核の細胞を殺すとか、どっかを切るとか、そういうことをやるしかない。台《うてな》利夫君のお兄さんの台弘さん（精神科医・東大教授）は、脳をいろいろといじくってロボトミーやロベクトミーもやったけど、最後は精医連（東大精神科医師連合）に研究室を封鎖されて、自分の研究室に入れないまま定年になっちゃったんです。あれで一時は収まりましたけど、今の脳生理の連中の喋っていることを見ると、連中は脳をどうかすれば人間は変わるだろうと思っている。

――そういう前提だと思います。

成瀬　ところが、変えるとき、変わるときを何で確かめるかというと、子どもの遊びなり何か記憶をさせてみるなり心理活動を前提にしているわけですよ。しかも、その前提にしている心理活動が大事なんだということを心理の人でやっている人がほとんどいないんです。脳性マヒのすごい緊張っていうのは、誰が見ても生理的なように見えるわけですよ。しかし、あれは本当は主体が作っているわけですよ。自分が作っている緊張ですから、自分で弛めることができなけりゃ弛まないんです。

――そうすると、先生がおっしゃる「主体」っていうのは、脳じゃなくてからだ全部なわけですね？

成瀬　五体全部。五体全体のなかに、環境なりその状況に適応しようという力がまとまってある。からだをまとめて活動しようという力が、それがどこにあるか知りませんけど、そういうものが五体のなかになければ手足は動かないんです。

心理が見逃している「感じ」

――ぜひ伺いたいと思っていたことなんですが、主体が弱っている人が今はいっぱいいると考えていいんでしょうかということです。

成瀬　どういうふうに？

――統合失調症の方なんかは違うんでしょうか？

成瀬　弱っているんでしょうか？

――そこがわからないんです。

成瀬　僕は弱ってなんかいないと思う。主体の活動が統合されていなかったり、あちこちに散っていたり主体活動が不安定になっているかもしれませんけど、主体は弱っていないと思う。たとえば、普通のこどもが疲れたって言うとします。そうすると周りは「この子は疲れているから休ませるようにしましょう」って言いますよね。

——そうだと思います。

成瀬　そんなことはないんです。あれは疲労感があるということなんです。でも、疲労感と、現実に疲れているっていうこととは同じじゃないわけですよ。

——そうすると、エネルギーはあるけどそれを出せないということでしょうか。

成瀬　そういうことのほうがはるかに多いと僕は思うんです。たいていの心理のクライエントは、「このごろからだが重い」とか「疲れる」とか言うわけです。

——そうです。「億劫」とか「かったるい」とか。

成瀬　それに、あちこち痛いとか言ってくるわけですよ。

——そういう人が多いです。

成瀬　それを言った通りに「ああ、痛いんだなあ」とか、「どっかが悪いんだ」と思っちゃうけど、そんなことはないんです。あれは痛みや疲労の「感じ」なのであって、そういう体験をしているだけなんですよ。

——私たちのほうの決めつけなんですね？　だから……。

成瀬　だから心理が弱すぎる（笑）。

——弱っているんじゃなくて、上手く使えなかったり分散してたりすることはあるかもしれない。

成瀬　だから、そういった「感じ」がしてるんです。ほとんどがからだの訴えでしょう。にもかかわらず、心理学ではからだの「感じ」をほとんど扱わない。

——そうです。心理カウンセリングにくる人はみんな体調が悪い、からだがかったるいって言います。

成瀬　それはそういう「感じ」を持ってんです。でも弱ってない！　疲れるほど働いてもいないし、からだそのものに悪いところもない。それにもかかわらず疲れちゃって、からだのあちこちが痛いっちゅうでしょう。見るとこんなカチカチなんですよ。そいでからだをちょっと弛めたり動かすようにすると、「あー、世界が明るくなりました」ってなる。

——私は抑うつ的な方々にたくさん会うので、「軽くこう動かしてみなさい」って言うと、それも億劫だと言われます。

成瀬　あんまり大きく動かさせちゃ億劫だって言われてしまいますよ。ところが、ここをちょっと動かしてみましょうって言って、動かさなかったらそのときはギュッと手伝えばいいんです。たいていは腰が痛いと言うんですよ。そういうときはほとんど骨盤が動かないし、骨盤のすぐ上あたりがほとんど動かせなくなってる。

――腰痛があるんじゃないかと思って、質問してもわからない人も多いですよね?

成瀬 少し動作すると「腰痛が出てきた」なんて人がいるんですよ。それは自分のからだの感じが自分にわかるようになったということなんです。すると、すぐ楽に、キチッとなる。リラックスだけじゃだめで、最後は重力に合わせてギュッと力が入らないとダメなんです。

――そうすると先生は、動作を、からだの感じを良くすることで、その人の主体が動きやすくっていうか復活させているような感じなんですね。

成瀬 そうそう。活性化しているの。

――その人の持っているものなんだけど、上手く使えていないからそれを……。

成瀬 上手く使いこなしていないから、それが痛みになったり重さになったり大儀な感じになったりするわけ。それを今までは言葉でだけでやってきた。

――そうですね。

成瀬 言葉なんて人間の活動のなかのごく高級部分ですよ。そういうものじゃなくて、もっと非常にプリミティブな「生きる」という部分をやらなくちゃだめなんです。生きる一番の基本っていうのは、赤ちゃんが動きから始めているように、動きとの関係なんですね。それがからだそのものなんですよ。

――自分の臨床体験と先生のお話は通じます。なぜかって言うと、うつの人って、自覚的にはものすごくうつなんだけど、強大なエネルギーが埋もれているような感じの人が多い。でも、自覚はひどいうつなんです。

成瀬 それはちゃんと出し方ができていないんですよ。この前、北海道の「べてるの家」[35]のことが学術会議で出たんだけど、あそこなんかものすごい生き生きしているでしょ。ああいうことができるようになるっていうのは、出し方が上手だからなんですね。

サイコセラピーとしての臨床動作法

成瀬 最近は、脳性マヒの人が昔の人のようにひどくからだを緊張させていることはほとんどなくなりました。昔はみんなすごい緊張させてたけど、今はああいう私どもと似た訓練が普及しましたから、ある年齢以下の人にすごい緊張はなくなりました。

あるとき、片マヒの、もう肌の綺麗な美人のお嬢ちゃんがいたの。腕を触ると冷たくて蠟《ろう》みたいなもんでした。それで、片マヒですから脚も悪いんです。その子を一週間訓練したんです。星野公夫君っていう仲間にやってもらいました。それで次の年にきたときにボールを渡したら、その子が受け取ってヒュッと投げてきたんです。見たら手が伸びてんですよ。それでビックリして触ったら、人間の手に戻っていた。綺麗な蠟みたいなのじゃなくて、人間の柔らかい手になって、あったかになっていた。やっぱり星野君の訓練が役立ったし、お母さんが一所懸命やったんです。そのときに、片マヒっていうのは治るって初めて確信したんですよ。そんなとき、「脳のここがやられているからここが悪いんだよ」って言った人はどう説明するんでしょうかね？

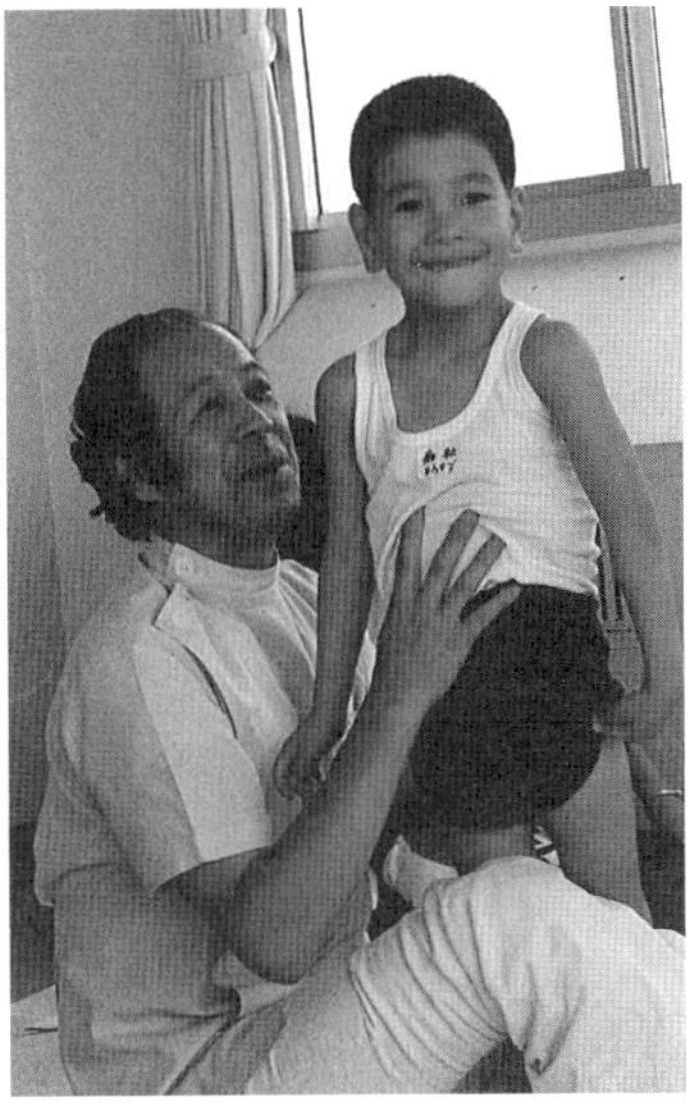
動作訓練の様子（1978年）

――そうですよね。

成瀬　ここがやられたために、全体の活動、からだをコントロールする能力はちょっと落ちた。ですけど脳のここがやられてる分は、脳の周りが補うことができるわけです。もともと動く装置、頭から下はからだについてんですから！　使い方だけが問題で、上手に使えれば使えるようになるわけです。まったく同じようにってわけにもいかないところがちょっと問題ですけどね。でも、この子には本当にビックリしました。こうやって、指先までピーンって伸びた。

――臨床動作法の適応範囲っていうのはどれくらいでしょうか。誰にでもできるものなんでしょうか。

成瀬　誰にでも。普通の人で、この間まで選挙運動の応援を一所懸命でやって歩いていた女の人が「先生、立てなくなりました」って言ってきたんですよ。旦那に寄りかかって僕のところへきたのが、帰るときにはちゃんとテクテク歩いて帰りました。こんなものは何でもない。からだの使い方をちょっと忘れただけなんです。でも、脳性マヒっていうのは、生まれたときにすでにやられてるから始めっから下手なんですよ。動かしたことのない子がこれから覚えてくんですから訓練って大変なんですよ。ところが、脳卒中の後遺症ってのはもともと動いてた人なんですよ。それを脳卒中で忘れちゃっただけなんです。だから思い出させりゃいいだけだからあれはチョロいです。それさえも、これは主体の活動の仕方の問題だという発想がないから……。

―― ただの身体リハビリテーションだと思っている？

成瀬 だから、「この腕屈げ伸ばし運動を三十回やりましょう」ってことになっちゃう。そんなことは他動的、機械的に何十回やったってしょうがない。硬くならないためには役に立つけど、一晩寝て動かさないでいると、また硬くなりますから、筋萎縮になります。じゃあそれを自分で動かせるかというと、それでは動かせないんですよ。結局は自分で力を入れる感じが出てくればできるようになる。

僕が脳性マヒの訓練を始めたときに、脳性マヒの生活指導をしている心理の連中からもすごく反対されました。そういうからだの動かし方なんていうのは、これは医学の問題だから、心理がやることじゃないって言う人が圧倒的に多かった。

―― そうでしょうね。

成瀬 ある医者は、「こんなことをやるのはけしからん。医師法違反だ」って言う。それで訴訟を起こすって話になった。でも、これは心理の問題だから、心理がやらなければ、生理だけの視点では動くようにはならない。絶対に相手が間違っているから、訴訟なら俺は絶対に勝つっていう気があったわけですよね。

その後、共産党の党首だった不破哲三さんの弟さんで、上田敏さんという人、これが初代の東大のリハビリテーション科の教授だったんですけど、この人が日本リハビリテーション医学会で僕に特別講演やりにこいって言うんで、講演にいったんですよ。それを聞いてこりゃあええということで、上田さんがリハビリテーションの本のなかで僕のことを二十ページ近く好意的に書いてくださった。ただ、そのなかで、「成瀬の悪いところは、『心理のことを知らない医者は余計なことを言うな』と言うところだ」といったことが書いてあるんですよ（一同笑）。だけどね、本当のことが全然わからないのに、生理の話として扱うか、人間のこころの動きとして扱うかっていうのを、特定の学問の人だけが一方的に決めつけてしまうのはとても大変な問題なんですよ。

――その通りですね。

成瀬　リハビリで運動を三十回やったって何も変わらない。そんなのは何にも役立たないにもかかわらず、心理の人たちは何とも思ってない。しかも、自己主張することはほとんどない。もう全然なってないね！　たとえば、四十肩とか五十肩で注射するでしょう？　僕は今、四十肩とか五十肩は一発で治します。

――いいなあ！

本当のクライエント・センタードとは

成瀬　旦那が整形の医者だという五十肩の奥さんがいたんですが、旦那のことを全然信用してないから友達の整形の医者んとこへいって痛い注射してもらってた。そうすると三日くらいはもって、また痛くなるから、また友達のところへいって注射してもらう。そういうことを繰り返してたんだけど、僕のところでは本当に一発で止まりました。

――私は長年、総合病院に勤めていますが、そういう方々はしょっちゅうブロック注射してるんですよね。

成瀬　まして神経ブロックなんかやったらえらいことですよ。そんなことやったら悪くなるに決まっている。だって神経遮断をしているわけでしょう。あれは神経の活動そのものを低下させるわけです。必要な生態活動を低下させるようなことをして、何か良いことがありますか。

――ご本人は、すごく痛いからブロックをする。数日はかなりいいので。もう足しげくいって、やってもらうわけです。

成瀬　生涯そうしてりゃいいじゃない、自業自得だから。

――そういう患者さんは、先生からすると……。

成瀬　その痛みの感じっていうのは、からだを上手に動かしさえすりゃ何でもないんですよ。痛みだけじゃなくて、からだを動かしてみると、自分の今までの変な感じが消える。楽になったり、目から鱗が落ちる感じがする。目から鱗が落ちるっていうのは我々がよく言うんですが、世界に対する感じが変わるわけですね。生きる実感が変わる。そういう人がたくさんいます。

――しかし、動作からサイコセラピーっていうのは本当にオリジナリティの高い考えですよね。

成瀬　いや、やっていたらそうなっただけ。

――でも、他にないです。成瀬先生が世界初ですよね。

成瀬　一番大事なことは自分とからだとのコミュニケー

ション。もう一つは、物理的環境と自分とのコミュニケーション。そのバランスをとらにゃならん。重心を自分で自由に移せるようになるだけで長くもっていた振戦《しんせん》（振え）が止まるなんて人がいっぱいいます。

――多くのサイコセラピストが人とつながることを主眼にしていますが、先生のなかではそれは無意味ではないけれども……。

成瀬 迂遠《うえん》だねっていうこと。

――迂遠？　まずは自分のなかで、自分とからだとのバランスを良くすることが大事だっていうことですか。

成瀬 大事かどうか知らんけど、俺んとこは一回か二回で治すよっていうこと。だって、言葉っていうのは意味しかないわけですよ。本当の問題は動作なんです。

――でも、多くのサイコセラピストは言葉の裏に感情があって、それが通い合って人がつながりあうと……。

成瀬 どうしてつながるの（一同笑）？　つながっていたらそれに色でもつけて見せてもらいたいわ。

――赤い糸とか。

成瀬 そうそう。これは黄色でつながっているとかね。

――だから大事なのは自分？

成瀬 僕は自分ってのはよくわからんです。みんな「自分らしく生きる」って言うでしょう？　僕、自分らしくなんか生きたことないですもん。みんなよくわかるねーと思う。うちの村山君はいつも、「自分らしく」とか「自己実現」って言うから、僕は「おらあ自己実現なんてしたことねえなあ」って言うんです（一同笑）。実現する自分ってなんなの？　カウンセリングで若いうちから自己実現をさせるようにやってるってんでしょ？

――はい。一部のキャリア・カウンセリングとか。

成瀬 みんな偉いよ（一同笑）。だって僕は未だに、俺の自己って何だかわかんないもん。

――「自分」とか「自己」とか「自我」っていう言葉や概念は先生と合わない？

成瀬 合わない。初めは「自己」ってやっていたんです。だけど、自己は、他者と区別する自分ができるようになるレベルっていうことが一般的に言われていますから、相当高い次元ですよね？

――そうなりますね。

成瀬 私が大事に扱っているのは、もっとずっと低い次元のものなんです。もっと言えば、今、動作っていう言葉を使ってるけど、それはどういうことかって言うと主体が自分のからだを動かすという活動があって、その結果として動くわけですね。人が生きるための最も基礎になるのは動いたり緊張したりすることです。それを何と呼ぶかっていうこと。からだの緊張や動きを早くから研究している早稲田の春木君でさえも姿勢はからだだと思っているわけですよ。それで「からだからこころへ」って言う。からだがこころを作っていくと思っているわけです。そうじゃなくて、姿勢っていうのは自分がこういう姿勢をしようと意識しようとしまいと、姿勢を作った結果、からだの構えができるんです。その姿勢も含めてからだを動かす動作も姿勢も自分が作ったものなんです。もう一つ、僕らはからだの軸って言ってんですが、これはからだの問題じゃなくて動きなんです。姿勢や動作を含むからだっていうのは、生理学で言うようなもんだったり、運動生理学で言うみたいなからだではないわけです。それで、こころがなけりゃ動かないって言っても、からだがなけりゃ動きは出ない。その動きや緊張をなんていうふうに名前を付けましょうかって言うんで「動作」っていう名前にしたんです。

――なので、心身一元。

成瀬　もともとが一つのもんなんです。それで、それはからだそのもののことで医学でやるような身体とは違う。心理学で言うような、言葉だとか意識っちゅうようなものは原因にはなっているけど、結果として出来上がっている動きそのものではない。今まで、医学でも心理学でも取り上げたこともないのが「動作」だと言ってんですよ。

――そうすると、人とのコミュニケーションや関係性から、人に安心感や安定感が生まれて、サイコセラピーの洞察が生まれてということは……。

成瀬　なんで身体安静化ができるの？

――いや、そうなんですけど、洞察が生まれて、そこに気づきがあるから人がサイコセラピーで変わるってことになっていますよね？

成瀬　そう言っている人もいる。

――先生は全然そう思われないということ？

成瀬　全然そう思わない。

――共感とかは必要ない？

成瀬　いや、それはセラピストの問題なんですよ。僕が今言っているのは、クライエントの話をしてるところなの。今までクライエント・センタードって言いながら、実際は何やっているかっていうとセラピスト中心の話じゃないかということです。本当に大事なことは、クライエントそのものがいったいどういうふうに生きていこうとするのかっていうことなんです。

―― なるほど。それを本当に考えていたらそういう考えになりますね。

成瀬 「クライエントはなぜ変わるの?」ってことになるでしょう。ロジャーズの話を聞いて僕はビックリしちゃったんだけど、そのときは共感って言わなかったと思いますが、自分が純粋な気持ちで相手に接すると向こうはそれに応じるって言うんですよ。それはやっぱりあのとき、本当だと思いましたけどね。おらあ、そういうこたあ経験したこたあねえけど(笑)。

―― でも先生のおっしゃられたとおり、セラピスト側から見た説明が多いですよね。

成瀬 そうなんですよ。

―― だから、なぜ改善するかっていう理論はいっぱいあっても、こちらから見た理論になりがちですよね。

成瀬 こっちなんかどうでもいい(一同笑)。

―― 相手が良くなることが大事。

成瀬 そうなんですよ。

クライエントを必ず治す

成瀬先生所蔵のウオルバーグ著『テクニック・オブ・サイコセラピー』(写真は1967年発行の改訂版)

―― 今までで一番影響を与えた本を一冊だけ教えていただきたいんですけれども。

成瀬 ウオルバーグの『テクニック・オブ・サイコセラピー』[36]。

―― 今、たくさんの若い学生さんがカウンセラーになりたいと思って心理学科に入ってきています。それと、本当にカウンセラーとしてやっていこうかなって迷うぐらいの年代がこの本の読者層としてあるんですが、そんな方々に若いうちに体験しといたほうがいいこととか、臨床心理士の資格番号一番の先生から何かアドバイスがございましたら、ぜひお願いします。

成瀬　ふふふ。僕はね、催眠、イメージ、脳性マヒ、動作など最初から周りからは非常に批判の目で見られてたでしょ？　だから、クライエントがきたら必ず治す。少なくとも、主訴には充分に対応できること。今の若い人たちには、ちょっと過剰な注文ですけど。

――クライエントがきたら必ず治すって意気込みで？

成瀬　っていうよりも、臨床心理をやるんならば一人で開業して食っていかれないようじゃダメだ、と。河野良和って知ってる？　彼も僕が指導したんです。彼は大学院を出てないんです。それなのに開業して食ってきたんです。

――今も続けられていらっしゃいますね。

成瀬　そうなんです。そいで十年目ぐらいのときに、「お前んとこ、どのくらいの生活ができてる？」って聞いたら、「今、うちの家賃が成瀬さんの給料ぐらいですよ」って言うんです。そういうところに住んでるんですよ、あいつ（笑）。

――若い人には一人で独立してやっていけるぐらいになることを目指してほしいと。

成瀬　うん。学生のころは治ったか治んないかっちゅうよりも、テストか何かしてみて、ちいと効果があれば何か神経症の傾向が低下したなんてやっている。そりゃ卒論みたいなもんだったらそれでもいいですけどね。やらんよりはね。

――そうですね、何かの尺度で有意差が出たとかで。

成瀬　治すっていうのはそういうことじゃない。フロイトの時代にはパーソナリティが変わるとかそんなアホらしいことを言っていたけど、そんなことはできるはずはないし、そんな過剰な注文をすることじゃないと思うんですよ。たった今、クライエントが困っているわけでしょう。で、そのクライエントが、まあ気にならなくなったということになればそれで良いと僕は思ってんです。今、どういうふうにクライエントが考えているとか、何に悩んでいるかというのを僕は考えるわけです。そうすると、ほとんどは具体的な悩みの中身をクライエントは語ると思うんですよ。だけど、中身を片付けてあげましょうってなると、それじゃあ家族はどうとか親子がどうとかっていう話になっちゃう。サイコロジストはそうなると家庭、社会を変えにゃあいかんと言い始める。そんなに心理って力あるかね？　そんなに変わるもんじゃないと僕は思ってんですよ。

――本人が今、困ってることが少し気にならなくなれば良い。

大岳から博多湾を望む

成瀬　少しぐらいじゃダメなんです。

――　困っていることが気にならなくなる。

成瀬　そう。そこまでは一緒についていくということ。

――　それが、サイコセラピストである。

成瀬　僕はそう思ってんです。もう何年も続いている振《ふる》えの人がいて、一回重心を移しただけでパタッと止まっちゃったっていうのがいっぱいあるわけですよ。今の人たちはクライエントの悩みを聞いて振戦の原因を探って、悩みのもとをなくさにゃいかんと思っていると思うんですが、そんなことができるはずもない。振えなくなれば自由になってもっと全く新しい生活の出発ができるわけです。

――　場合によっては一回でその振えが治らなくても、本人が気にならなければ良いっていうことなんですね。

成瀬　そうそうそう。

――　本人が日常生活で気にならなければ良いと。

成瀬　それは軽いことじゃないんですよ。

――　大変なことですよね。でも……そうなんだ。

成瀬　そこまでは責任を持たにゃいかん。ところが今のクライエント・センタードは、実際はセラピスト・センタードだからセラピストが一所懸命やったんだから良いというふうになってる。わざわざ「共感的に聞きました」って書いてあるんですよ。聞くときは共感的に聞くに決まってんですから、わざわざ「共感的に」なんて言うほうが怪しいわけですよね。

――　頑張って聞いて一所懸命にやって、クライエントに感謝されているんだから良しとするっていうんじゃない。

成瀬　そりゃやっぱり治らないとダメ。治ると言ってもパーソナリティ・チェンジとか何とかっていう恐ろしいことじゃなくってね。でも、動作が変わるだけでね、親に対する感じ方が変わってきたり、夫婦の関係が変わってきたりすることがいっぱいあるわけですよ。そういうことが大事だと僕は思ってんです。

――　ありがとうございました。本当に勉強になりました。でも、明日からサイコセラピーの講義ができなくなりました（一同爆笑）。またきていいですか？

成瀬　いつでもどうぞ。今度は泊まりがけでいらっしゃい。ここの海辺は最高ですから。

注

1　東京文理科大学心理学科
東京高等師範学校の上部組織として一九二九年に創立。同学科は大学改編により後に筑波大学第二学群人間学類心理学主専攻となる。二〇〇七年よりは筑波大学人間学群心理学類となった。

2　旧制第一高等学校
旧制の高校で数字のついた高校をナンバースクールという。一高から東大というのが戦前のエリート・コースであった。

3　高橋艶子
東邦女子医学薬学専門学校から東京文理大学心理学科に入学、一九五〇年卒業。慶應義塾大学精神神経科に学び、東京女子体育大学教授。

4　田中寛一（一八八二―一九六二）
田中ビネー式知能検査の開発者。田中教育研究所を創立。

5　東京文理科大学教育相談部
一九三一年に設立。我が国最初の教育相談施設。初代部長は田中寛一教授。東京高等師範学校における相談活動自体は、大正時代から行われていたと言われている。

6　小熊虎之助（一八八八―一九七八）
戦前の変態心理研究者。東京帝国大学卒。指導教授は元良勇次郎、福来友吉、松本亦太郎。超心理学の研究も行った。明治大学教授。犯罪心理学。中村古峡の『変態心理』に多く寄稿した。

7　武政太郎（一八八七―一九六五）
武政式ビネーテストの開発者。戦前の東京文理科大学の教育心理学の助教授。戦後、「発達心理学」で教授となるがパージにより辞職。

8　小保内虎夫（一八九九―一九六八）
東京大学心理学科大正十三年卒。感覚・知覚心理学。著書に『入門心理実験法』（共著、中山書店、一九五四）などがある。

9　中村克巳
『心理学研究』第十九巻第二号（昭和二十三年）に「心理学におけるオペレーショニズムの諸問題」を掲載した。

10　スキナー（Skinner, B. F.）
アメリカの心理学者。行動分析の創始者。ハーバード大学で学位取得。一九三〇年代後半、スキナー箱を用いたオペラント行動の研究を行った。その後、応用行動分析へと研究を広げた。

11　ハル（Hull, C. L.）
アメリカの心理学者。ウィスコンシン大学で学位取得。イエール大学の人間関係学科教授。ワトソンの影響を受けS-R理論を提唱した。

12　『プリンシプルズ・オブ・ビヘイビア』
Hull, C. L. (1943) *Principles of Behavior : An Introduction to Behavior Theory.* Appleton - Century - Crofts, Inc. クラーク・C・ハル著、能見義博／岡本栄一訳『行動の原理』（一九六〇）誠信書房

13『**心理学研究**』
日本心理学会編集で一九二六年に創刊された。創刊当時は岩波書店より出版されていた。

14 **速水賞**
一九五一年に速水滉の基金によって設立。一九五四年に基金の消滅で一度終了するが、一九八五年に新たに日本心理学会研究奨励賞が設けられた。日本心理学会奨励賞のルーツとも言える。

15 **速水　滉**（一八七六－一九四六）
東京帝国大学の初代心理学教授である元良勇次郎の弟子で京城帝国大学教授。

16 **ヒルガード**（**Hilgard,E.R.**）
アメリカの心理学者。イエール大学で学位を取得。スタンフォード大学で教職に就いた。第二次大戦前は学習と動機付けの研究に力を入れた。戦後は催眠の研究を行い、それに関する書物や一般心理学の教科書で優れた解説を行った。

17 **中村古峡**（一八八一－一九五二）
文学者、精神科医。東京帝国大学文学部卒。夏目漱石の弟子で、「殻」を新聞小説として連載する。弟の精神病を期に、変態心理研究者となる。後に医師の資格を取得し、現在千葉にある中村古峡記念病院を設立。名古屋大学から医学博士号を授与された。

18 **福来友吉**（一八七〇－一九五二）
東京帝国大学助教授。透視・念写事件で一九一三年に東京大学を休職となる。なお、福来の念写実験には久保良英も参加した。

19 **寺田寅彦**（一八七八－一九三五）
理化学研究者、エッセイスト、俳人。夏目漱石の小説『我が輩は猫である』に登場する水島寒月や、『三四郎』に登場する東大理学部の大学院生野々宮宗八は寺田がモデルと言われている。

20 **大槻快尊**
一八八〇年生まれ、東京帝国大学心理学専修卒。『心理研究』に精神療法の話を紹介。一九一〇年に名古屋で住職となった。

21 **斎藤久美子**
甲子園大学教授。ロールシャッハを研究。

22 **小笠原慈瑛**
戦後間もなくより感覚・知覚の研究を行い、「大きさの恒常度指数」の研究を行った。高木貞二の『心理学』の教科書の改訂を行った。共著に『入門心理実験法』（中山書店、一九五四）などがある。

23『**変態心理**』（**大正六－十五年**）
中村古峡が創刊し日本精神医学会より発行された。二〇〇一年、曾根博義らによって復刻された（当初は大空社、現在は不二出版）。なお、上野陽一編集『心理研究』は一九一二年より刊行されており、『心理学研究』の前誌にあたる。

24 **塩入円祐**
慶應義塾大学精神科助教授。雑誌『臨床心理』発行に協力した精神科医で、心理学に協力的であった。

25 **依田 新**
戦前はラジオ心理学講座、「錬成心理学」に参加。戦後は日本女子大学で「現代青年の生態と人格形成に関する研究」を行った。後に名古屋大学、東京大学の教授を歴任。

26 **宮城音弥**（一九〇八–二〇〇五）
精神科医、フランスに留学。後、東京工業大学教授。精神分析学を日本に紹介した。ジャーナリストとして活躍し、心理学の普及にも努めた。

27 **友田不二男**（一九一七–二〇〇五）
ロジャーズ著書の翻訳者。東京教育大学助手、国学院大学助教授。茨城キリスト教短期大学で「大甕ワークショップ」を開き、主に教員を対象としたエンカウンター・グループを指導した。

28 **一九六二年の論文**
Naruse, G. Hypnosis as a meditative concentration and its relationship to the perceptual process. *The Nature of Hypnosis. Transactions of 1961 International Congress on Hypnosis* .ed.by. M. V. Kline, Baltimore : Wavery Press, Inc.,1962 ,37–55.

29 **『催眠』**
成瀬悟策著（一九六〇）誠信書房

30 **ラパポート**（Rapaport, D.）
一九一一年ハンガリー生まれ。一九三八年にアメリカへ移住。精神分析理論の体系化やロールシャッハ反応の思考病理的分析などを行った。

31 **『現代催眠学　暗示と催眠の実際』**
蔵内宏和／前田重治著（一九六〇）慶應通信

32 **古沢平作**（一八九七–一九六八）
日本の精神分析の父。日本精神分析学会初代会長。小此木啓吾ら多くの精神分析家を育てた。

33 **土居健郎のアメリカ行**
一九四九年に創刊された『精神分析研究会会報』にアメリカより帰国した土居の報告が記載されているので、このころのことと思われる。

34 **ペンフィールド**（Penfield, W. G.）
カナダの脳神経外科医。局所麻酔を用いた脳外科手術中に脳の各部に電気刺激を与える実験を行い脳の機能局在を明らかにした。

35 **べてるの家**（Bethel's house）
一九八四年、北海道浦河町に設立された精神障害者の地域活動拠点。投薬量の減少、病床数の削減など先進的な支援プログラムを実践している。

36 **『テクニック・オブ・サイコセラピー』**
Wolberg, L. R. (1954) *The Technique of Psychotherapy*. Grune & Stratton.

Ⅱ　森崎美奈子インタビュー

企業と心理の狭間で

interview with Morisaki Minako

森崎美奈子プロフィール

1943　神奈川県生まれ
1966　東京女子大学文理学部心理学科卒業
1985　㈱東芝
1996　ソニー㈱
現在　帝京平成大学教授
共著　『産業カウンセリングの実践的な展開』至文堂　2002年
　　　『職場のメンタルヘルス100のレシピ』金子書房　2006年
　　　『産業精神保健マニュアル』中山書店　2007年

interview notes

仕事を終えて、森崎先生とお約束している東京駅近くのレストランへと急ぐ。二〇〇六年九月十九日、森崎先生とは午後六時の待ち合わせであり、約一時間前の午後五時に着いてほっとしていたら、なんと森崎先生がすでにいらっしゃっていた。私たちの世代には存在しないであろう、先生の世代の何とも言えない話し方で、先生は質問に丁寧に答えてくださった。

「これからは心理学だ」と言われて

――先生がカウンセリングや心理学にどうやって出会われたか、教えていただけますでしょうか。

森崎　私の場合は、結論的に言うと、すべて受身の人生だったと思うの。受身だったけど、選択したのは自分だと思っているんです。私たちの時代は自分で開拓したわけではなくて、たまたま出会って、たまたま出会ったなかで、自分の意志でそれを選ぶかどうかだったというわけです。長い人生をふり返って見てみると、仲間も出会いも良かったですから、結果としてはやっぱり間違っていなかったなあと思う。

――受け身だとおっしゃいましたが、それは大学に入られてからでしょうか？

森崎　私の学んでいた横浜雙葉学園はカトリック系の女子の学校で、小、中、高校とあるのですけど、大学はないところでした。だから大学受験のときにみんな進路をどうするか考えるじゃないですか。私は生まれたのが昭和十八年なんですが、私が大学に進むころの女子の進学率って、五パーセントにも満たなかったの。

――女性の九五パーセントは大学にいかないという時代だったんですね。

森崎　でも、私の学校はカトリック系でわりとお嬢様学校だったから、中学出たら高校、高校出たら短大か大学にいくっていう学校でした。それも職業うんぬんよりも、高校出たら大学よねっていう感じで。

――当時の進学校でいらしたんですね。

森崎　「進学校」っていう言葉もない時代（笑）。

――これから働こうというよりは、進学しようという雰囲気の学校だったんですね。

森崎　非常に優秀な理科系の方は、医学部や薬学科に進み、職業選択に結びつくような進路をとっていた。でも、大多数はそうじゃなくて文系でした。

――カウンセリングで食べていくなんていう発想はなかった？

森崎　カウンセラーなんて言葉は、まだ一般的でない時代です。そのとき、後に上智大学の社会学の先生になられた社会科の教師がたまたま、「みんな、これからは心理学だ。心理学って面白いんだぞ。心理学の時代になるよ」って授業でおっしゃったの。悩んでいた私は、心理学ってどんなもんだかわからないけれど、単なる文系は嫌だなって思っていたから、「よし、心理学を学ぼう」と思ったというわけです。

――それはすごい出会いですね。そのとき、その先生が言わなかったら？

森崎　英文科とかに進んで、その後、ちょっとお仕事して奥様稼業をして終わっていたかもしれないわね。

――「心理学」っていうものに惹かれたんでしょうか。

森崎　要は人と違うことをやりたかったの（笑）。でも、違うことって何なのかわからない。そんなときに「これからは心理学だ」って言われて、心理学って何だかわからないけど「きっと人の心を考えていく学問なんだ、哲学する学問だ。これは面白そうだ」と思ったんです。じゃあどの大学にあるかってなったら、当時は本当に少なかった。昔の東京教育大学（現在の筑波大学）、東京女子大学[2]と、早稲田大学、慶應義塾大学、日本大学だったかな。でも、女子校だったから日大っていうのは視野になくて、まず早稲田か慶應かっていう感じでした。私の学校はカトリックだから、大多数は聖心女子大学へいきました。でも、たまたま校長先生が東京女子大学出身だったの。校長先生はシスターで校長になっている方で、すごくしゃきしゃき、ぱきぱきして魅力的でした。その校長先生が「東京女子大はすごく進取の気風があって面白いからいってみたら」と勧めてくださった。それと、女子大にいけっていう家の雰囲気です。今とは時代が違うんですよ。でも日本女子大学には心理学科がなくて、児童科[3]だったんです。親はそこにいってほしいと思ったらしいけど、児童科と心理学科は違うと思って、結局は東京女子大学の心理学科を目指したのです。

二十六人の同級生にもまれて

森崎　当時の東京女子大学は、二年生に進級する際に専攻科を決めました。一年間、一般教養を勉強するなかで自分が何をやりたいか決めるの。そういう意味では自立性を推奨する学校だったのね。新渡戸稲造[4]先生が初代学長で、女子も男子と同じように学問を受けることを目指していた学校でした。何をやるのかは一年間しっかり考えなさいということでした。二年から日本文学科へいってもよし、心理学科へいってもよし、英文科も社会学科でも哲学科でもという感じでした。私は心理学をやるつもりで入学したのですが、一年生のときに日本文学が面白くなっていました。それは東北帝国大学[5]出身の名物先生がいらしたからです。

――　戦前は女子が教育を受けられた大学は東北大学だけだった？

森崎　東北大学だけでした。松村緑先生、すごく魅力的な日本文学の先生でした。授業を聞いているうちに、こっちがいいぞと思いだしちゃって、お友達もみんな日本文学科へいくって言い出したんですよ。私も本当は日本文学に惹かれていたんです。でも、見栄っ張りだったし、心理学科に入るってこの大学に入学したのだから、心理学科の試験だけは受けようと思いました。結局は、やっぱり心理学科に入っちゃったわけ。

――　試験があるんですね？

森崎　心理学科は定員が少なく、進学希望者が多かったのです。試験は能力を見るっていうよりも、ものの考え方を問う試験でした。いくつか問題があったんですけど、一つだけ覚えているのが、双子の症例を出してそれを論ぜよっていう課題です。双子の問題っていうのは、家系的な問題とか後天的なものとか先天的なものとか、その他諸々の要因があるでしょ？　それをどう考えるかっていうプロセスをチェックするんです。

――　えー、難しい。

森崎　それで二年から心理学科に入った。心理学科は二十六人だったから、本当に人数が少なかった。当時の東京女子大学は、基礎心理学をしっかりやりましょう、実験をやりましょう、発達をやりましょうという感じだから人数を絞らないと授業ができなかったんです。そういう意味では、手作りの本当に良い教育を受けられたと思っています。

――　臨床の先生はいらっしゃらなかった？

森崎　佐治守夫先生が非常勤講師で臨床の講義をされていたくらいかな。常勤はどなたもいらっしゃらなかった。当時をふり返ると、「臨床の先生ってどこの大学にいたの？」っていう感じ。

――「臨床心理学」という言葉や、分野としてはもうあったのでしょうか？

東京女子大学本館（東京女子大学提供）

森崎　臨床心理学っていう言葉はあったかと思いますが、佐治先生の講義名は人格心理学だったと記憶しています。それから林髞《はやしたかし》先生[6]っていう生理学の先生も非常勤でいらしてました。林先生は木々《きぎ》高太郎《たかたろう》というペンネームで文章を書いていらしたんですけれど、その先生の大脳生理学もこれまた面白かった。それで卒業後にもうちょっと勉強したくなったの。

　ずっと女子のカトリック系の独特な教育のなかで育った人間が、東京女子大学で雑多な人たちのなかに入って、地方出身のパワフルな人たちに出会って、「私は自分がとても偏っているんじゃないか」って思ったの。たとえ二十六人とはいえ、いろいろな個性を感じて、中高の教育って随分影響があるのかなって単純に思って、男女別々の一貫教育と共学で普通の教育を受けた人たちとでは、ソーシャル・フレームみたいなものがどういう違いを持つかとか、どういう発達の仕方をするかってことを卒論のテーマにしました。これって社会心理学みたいなんだけど、そこらへんから社会とか、社会化されるプロセスに関心を持つようになったのです。

　それから慶應義塾大学の精神科講師の原俊夫先生が精神医学を教えにきていらして、それも面白かった。それで社会心理学はいつでも学べるから、それよりもしっかりと臨床と精神医学を学びたいと思ったんです。臨床心理学を学びたいっていうよりも、精神医学をきちんと学びたいという思いでいました。そうしたら慶應の精神科の助手のポストをもらえた。

――学部を出て、いきなり慶應義塾大学医学部の助手になられたんですか。それは二十六人のなかでお一人だけ？

森崎　もう一人いました。

――他の心理学科の同級生の方々はどういうコースへいかれたんでしょうか。

森崎　大学院に進んだ人が三人いて、教育相談所にいった人、それから当時の精神衛生センターへいった人、家裁にいった人もいました。教員になる人もいた。

――臨床を続けた方が多いんですね。

森崎　そう。結構多かったと思います。

――それで、先生は慶應へ。

慶應義塾大学医学部無給助手

森崎　当時は、医学部は徒弟制度だったから、慶應義塾大学医学部精神科にはトレーニング制度があったの。医師の国家資格を取る前のインターンを、医局内で教育するわけ。それと同じように、心理の人も一緒に教育を受けられるというシステムで、私が入ったときから助手になりましたが、それまでは副手でした。

――医学部の助手って大変ですよね。

森崎　でも、昔の話だから無給ですよ。

――無給であろうと、当時は心理のポストがなかったはずですから。

森崎　それが当時の慶應にはあったのよ。そこで馬場禮子先生（講師）と出会いました。馬場先生だって初めは無給の助手だったのよ。深津先生も無給助手で私の先輩でした。乾吉祐先生は私と同期です。お互い慶應の無給助手でした。

――心理の無給助手って定員は何人だったんですか。

森崎　教授が採ろうと思ったら好きなだけ採れたの。だって無給だから。

――心理で有給者っていらした？

森崎　全員無給。しかも心理だけじゃなくて、精神科の医者もみんなほとんど無給。私が慶應に入局したのが昭和四十一（一九六六）年なんですが、医学部紛争の前だから、大学病院は無給医師によって支えられていた。研修医制度ができてからは、ある程度の保障がなされるようになりましたが、そのもっと前のことです。大学の医学部は教授と助教授と講師は給与をもらえていたけど、それ以外の先生たちはほとんど無給で、すごく年齢がいっていてもみんな無給で医学部の病院を支えていたし、学生を教育していた。そういうなかで昭和四十五（一九七〇）年くらいに、おかしいじゃないかっていうことで医学部紛争が起きたんです。

―― 最初の数年はそんな状態だったんですね。それで慶應ではどういうことを？

森崎　当時の慶應のカリキュラムは、他では得られないようなしっかりしたものでした。自分たちが教わったものを次に伝えて、次がまたっていうヒエラルキーがあったんです。精神科に入ってきた医者と同じ教育を受けられる場面もあった。臨床講堂は階段教室になっていて、そこに教授がいらして、医学部の学生がいて、患者さんが出てきてっていう臨床講義が受けられました。今はそういうことないのかしら？　それから、外来の教授の陪席もした。だんだんと慣れてくると、インテークもさせてもらいました。私はセラピーのグループに所属していたので、小此木啓吾先生からセラピーのスーパービジョンを個人やグループで受けたりしてました。馬場先生にはロールシャッハ・テストや心理テストのスーパービジョンを受けました。でも、そういうしっかりしたシステムが医学部紛争で無くなったわけです。

慶應時代の仲間と（1995年）

―― 当時、セラピーで森崎先生に一番影響を与えたのは小此木先生でしょうか。

森崎　それから滝口俊子先生。私が子どもを担当して、母親を滝口先生が担当するっていうケースもあったんです。滝口先生も無給助手でした。片山登和子先生は、私のスーパーバイザーとしてずっと関わってくださった。

―― 小此木先生、馬場先生、片山先生、滝口先生、深津先生、乾先生、匆々《そうそう》たるメンバーですね。

森崎　そういう先生たちに囲まれて、しかもきちんとカリキュラムを作って教育されたっていうのが、私の今日の土台になっている。

―― でも、どうやって無給で生きていくんですか？

森崎　当時は関係病院がたくさんあったんです。医局はそこに（強制）出張という名のもとに、アルバイトに出して収入を得させてくれた。

――それで何とか生活はできるのでしょうか。

森崎　私なんかは独身で親がかりだったから、自分のお小遣いが入ればいいっていう感じでした。でも、一家を養わなくてはいけない人たちは本当に生活が厳しかったですね。医師は外勤先で当直をして稼げましたけど、心理はそういうわけにいきませんでした。でも、医局の下に、全国に関係病院がたくさんあるから、ともかく医局が収入に関しては考えてくれていたの。当時は大学から派遣する人で病院は成り立っていましたから、病院も医局から「ノー」って言われれば人を派遣してもらえなくなる。だから一応、最低ラインの収入はありました。私は武田病院[7]に週二日くらい出て、外来で面接をしたり、テストを取ったり。当時、武田病院は精神分析の牙城《がじょう》のようなところでしたから、そこでもまた最先端の知識が学べました。私は真面目な人じゃないから、あのときもっと勉強していればって今は思うの。そこではパーソナリティの問題とか、ボーダーの問題をすごく早い時点から扱っていたの。

――では、心理学科に入られたことも病院臨床に入られたことも後悔するって感じではない？

森崎　ないですね。そういうなかで医学部の紛争が起きて医局制が解体したんです。私は助手だけど一票は一票なのよ。もちろん医者たちからの批判もありました。なにより下克上になった。そのとき、小此木先生や馬場先生が「このようなことは滅多にある社会現象ではないからよく客観的に見ておけ、その力動を見ておけ」って言われて、紛争の当事者でありながらちょっと冷めた目で見てました。私は医者とは違う立場だったし独身だから、どうなろうと将来にあんまり結びついていない部分もあったので、そうやって見られたのかも知れません。あれは勉強になりました。つまり、医学部紛争のなかでは後輩の医者たちが、今まで指導してくださった先輩の医者たちを否定して罵倒して吊し上げたりするんです。何でそういうことが起こるんだろうっていう、そういう思いでした。私はちょうどそのころ、肝機能が悪くなって入院することになりました。

――昭和四十五（一九七〇）年に？

森崎　半年間入院していました。入院している間に医学部の紛争が収まり、医局が崩壊して無給助手制がなくなったから、医者も含めて無給だった先生たちは外に出た。その代わり、残る人は有給でというかたちになった。私は、昨日の友を否定して罵倒して蹴散らすような社会は嫌だと思ったし、親も半年間も病院に入っているこの娘をどうにかしなくちゃってことがあって結婚したんです。

――親御さんが縁談を持ってこられたんですか。

森崎　私が「心理学をやる」って言ったら、親は「これでもうお嫁にいけない」と思ったんですって（笑）。大学を出て慶應に入ったのはまだいいけど、慶應のどこにいったかというと「精神科」だから、縁談か何かで「お宅のお嬢さんは何をなさっているんですか？」って周囲の人に聞かれたら、「あなた、言えないわよ」って親が言う。「自分で相手見つけなさい」って言われましたね（笑）。それで精神科に入ったら、医学部の紛争があって体調を崩して、そういうときにお見合いの話を持ってきて、なんか乗せられたなって。

――親御さんは心配されていたんですね。

森崎　当時、昼間は病院で臨床の仕事をするじゃないですか。それで研究会は夜にやるんですよ。そうすると帰りは夜中になる。帰りの時間が夜九時を過ぎたら親が叱るという、そういう時代でしたから、親に「いったいうちの娘は」と言われながら、それを言いくるめながらやっていたんですね。当時は、精神科に対しては、やっぱり偏見がすごかったと思うのよ。親も最後のほうは仕方が無いと思ったんでしょうね。だから、私の妹は「さっさと結婚してちょうだいね。お姉さんみたいに特別な学科になんかいかないで、家政科にいってちょうだい」って親に言われたそうです。妹は良い主婦になっていますけど、妹が言うのには「全部お姉さんの影響だった」って。妹と私は八つ違いなんですけど、いつも母の愚痴を聞いていたのは妹のほうだったんです。妹は「お姉さんに言えばいいのに。お姉さんには何にも言わないで、お姉さんにはいい顔してる」って思ってたそうです。

――お姉さんは精神科で忙しいですからね（笑）。

森崎　それで結婚したら相手が九州に転勤になり、私も医学部紛争にさよならしたのです。

五年間のブランク

森崎　私がいく半年前に、相手が先に九州に転勤になって、私も九州へいったんですけど、何か踏ん切りが悪いじゃない。それに小此木先生が臨床を少しでもいいからやっていたほうがいいよっておっしゃってくださり、九州大学の前田重治先生[8]に紹介状を書いてくださった。それはすごく恵まれていたと思うんですよね。九州の小倉に住んでいて、最初のうちは九州大学に週一回くらい顔を出していたんだけど、そのうち子どもができたりして顔出しもやめました。それが二十九歳くらいのときでした。その後の五年間は完全に主婦業をしていました。やっぱり向こうは誰も知り合いがいないから、子どもを預けたくても預けられるわけじゃない。

でも、やっぱり私のなかで何か続けたいって思いがあった。昭和五十（一九七〇）年くらいに九州から東京に戻ってきたので、それからまた慶應の研究室に顔を出し始めました。親元に戻ってきたから、親にSOSを出しながら慶應の研究室に復帰しました。当時、慶應は木曜日が研究会日だったの。それができたのは助手の席だけは残しておいたからなの。今でも残っているの。

――えっ、五年間も助手の席が残っていたんですか？

森崎 ええ、辞めますって言わなかったの。

――今でも無給助手でいらっしゃるんですか？

森崎 今でも。

――すごく長いですね。

森崎 何人もいらっしゃいますよ。

――女性がカウンセラーになるときには、仕事と子育てとについていろいろと考えると思うんですが、五年間の専業主婦時代をどういう思いで過ごされていたのでしょう。

森崎 焦りはあったわね。戻ってきて慶應にいこうと思ったのは、やっぱりすごく錆びついてるんじゃないかと思ったからなんです。もう一度磨き直したいと思ったの。そういう焦りはあったわね。

――それ以外には？

森崎 学部時代にちゃんと基礎をやったってことが大きかったです。当時の女子大の教育は、基礎をしっかりやっていれば将来どんな領域にいっても使いものになるっていう教育でした。それは今考えても本当だったと思う。それから、何もわからないで慶應大に入ったけれど、そこでもしっかりと教育してもらえたっていうことも良かった。もう一つは、患者さんに年中ふれ合っていたこと。あの時代に得たものが無駄ではなかった。でも基本は違わない。もちろん五年間で学問は進んでいましたよ。でも基本は違わない。基本は時代の流れのなかで変わるものじゃないと、ちょっとほっとした部分もありましたね。

――心理臨床をいったん離れられたからこそ、基礎が大事だってことの再確認ができたんですね。

森崎 復帰して、大丈夫、やれそうだって思いました。でも、子どもが二人いて子育てもしなきゃいけないからフルタイムで仕事に出るわけにいかなかった。川崎市立病院の精神科が慶應系なんですけど、幸いなことにそこに手伝い

母親教室の様子（1982年）

にきてよって言われて、さらに横浜の子どものクリニックにも手伝ってよって言われたんです。その二つと慶應大の研究室くらいだったら続けられそうだったので、三カ所で働きながら子育てをしていました。川崎市立病院では社会とどう関わりあうか、家族とどう関わりあうか、個人のセラピーだけやっていればいいわけじゃないっていう視点を学んだし、横浜の子どもクリニックでは子どもの背景に家族がいて夫婦がいて兄弟がいるってことを学んだ。

―　個人のサイコセラピーだけではなくて、その周囲や背景、家族に少し気持ちが向かった？

森崎　それと、社会にもです。

―　卒論のときからすでに社会に対する視点がおありですものね。

森崎　社会っていう視点は、分析の視点からするとすごくわかりやすいの。分析って個人の精神内界的なものが多いと思われるかもしれないけど、そうではなくてダイナミクスなんです。個人のダイナミクスを考えると、社会のダイナミクスや組織のダイナミクスを考えざるを得ない。分析の人たちはそういう視点で見ようとするし、それが得意だし、できる。

―　切り口があって、対象が個人から社会になるだけなんですね。

森崎　だから全然違和感なくすっと入っていきました。

東芝で企業人に

森崎　そうやって細々とやっていたんですけれども、一九八五年に東芝からメンタル・ヘルスの仕事をやってもらえないかと声がかかったの。実はその年の一月に森崎が亡くなったのです。森崎は東芝の研究所の社員でした。

―　そうだったんですか。

森崎　だから、率直に言うと、会社の救済事業だったと思います。

―　なるほど。

森崎　大企業は必ず家族を大事にするのね。私は普通の企業にお勤めしたことはなかったので、最初は「会社のお仕事はしたことないから結構です」って言ってしまった。

―― お断りになったんですか。

森崎 慶應大にいってその話をしたら、小此木先生や馬場先生に「とんでもない、これからは企業が次なる心理臨床の世界になるから面白いじゃないか、やってみろ」って言われたの。それで考えて、おこがましくも会社に「私は会社にお勤めしたことはないから事務はできません。でも、私はこういう経歴があるので、それで仕事ができる部門があったら宜しくお願いします」って言ったの。それから会社が私の仕事を考え始めたんですって（笑）。そしたら、本社でやろうと思っていた仕事があるからちょうどいいってことで、東芝の本社の勤労部にいきました。スタッフとして会社のメンタル・ヘルスの施策を考えてほしいってことになったの。

―― 勤労部っていうのはどういうことをする部門なんでしょう？

森崎 社員の健康や安全システムや教育システムを考える部署です。そのなかで特にメンタル・ヘルスのことをやってくださいって言われて。

―― 診察室とか診療部みたいなものでもない？

森崎 勤労部の下に全国に健康管理室があるんです。

―― その本部に配属されたんですね。それはまた、すごいところにいかれましたね。

森崎 何にもわからないで入社しました。会社がとても良いところだったの。当時は全国に三十カ所くらい工場や支社、支店があって、そこを全部束ねている中枢でした。それで、メンタル・ヘルスを安全衛生としてやろうということになったの。

―― 初めての心理で、モデルもないわけですよね？

森崎 「何でもやっていいから作って」って言われて悩んだんだけど、当時、いろんな企業でメンタル・ヘルスをやっているところに見学にいったんです。でも、みんな個人の面接をやっているだけだった。それは大切だけど、それは病院の延長線上じゃないかと私は思ったわけ。私が入ったとき、東芝には心理カウンセラーはいなかったけど、富士通にいってみたら心理職が四、五人もいました。

―― 当時、そんなにいたんですか。

森崎 そこには福井城次先生がいらっしゃいました。福井先生を通じて、北村尚人先生（三菱重工）や、その他、企業で仕事をしている心理職の先生方との輪が拡がりました。そのなかで得たものは、今も大切にしています。私は一九八五年からスタートした新参者で、まずは社員の実態を知りたいと思って、いろんな部署に出向きました。総合電機メーカーですからいろいろな領域があるんです。東芝というと、テレビコマーシャルの『サザエさん』のイメージが強いけれど、家電はほんの一部分です。原子力発電もやれば火力発電もやる、物を作る現場もあって、研究所もある。そこで働いている人たちがいったい何を思い何を感じているかということを知りたいから、そこにある健康管理室に心理相談みたいなかたちでいかせてもらいました。一番男っぽいのは、火力発電所のモーターを作っているところでした。研究所や、町工場みたいな原材料を固めて電線を作るような現場もありました。健康管理室では研究職も現場の人も同じで、最先端の研究をしている研究職と、物づくりの現場のおじさんの両方の実態が見えた。本社や支社とはまた違った組織構造や実態がありました。そうやって企業全部の特色をまずは掴もうとしました。

それでわかったのが、職場にコミュニケーション能力が無くなってきているということでした。機械化されて汗水垂らす時代ではなくなりつつあったから、上司は部下の実態がわからなくなってきていた。つまり、昔のように体力勝負の仕事だったら、外から見て部下の現象がわかりやすいから、汗をたらして青白い顔していたら「ちょっと休め」って言える。ところが機械化されると、本当に疲れているのか怠けているのかがわからない。ある半導体の工場で「いつもぼーっとしている」って言われてる人がいた。ところが本人にしたら、ぼーっとしているんじゃなくて一所懸命にいろいろと考えているんですって。これは当たり前のことなんだけど、上司が部下の日々の顔色とか態度とか言動に目を向け直すことがいかに大切なことかっていうことなんです。かつては当然のことのようになされていたことが、当時はちょっと難しくなってきていた。

それでどうしたかと言うと、管理職に対して、部下に対するコミュニケーション能力をたかめるためのリスナー教育をやろうってことになった。私は、個人カウンセリングも大切だけどそれだけじゃ病院臨床となんら変わらないし、本人の問題の背景には家族の問題、会社の仕組みそのものの問題とかが色濃くあって、そこに手を付けないで本人にお薬あげるだけじゃあどうしようもないって思ってたの。だから組織、仕組みを作ろうと思ったわけ。会社はそれをやらせてくれた。それで、どういう仕組みでやっていくかっていうときに、教育の仕組みと管理者がちゃんと部下をマネージメントできるってことが大切だということになった。そこで、リスナー教育を一回三時間で、七回シリーズでやろうってことになった。

―― 先生が教えられた？

森崎 そう。管理職に教えるっていうのは大変なことだったんですよ。それだけの時間、現場の仕事を止めさせるのはすごいコストのかかることで、それ自体がすごいことなんだってあとで言われました。でも、これが東芝の特色だったんだけど、本社だけじゃなくて末端でもやっていこうってなった。それで私があちこちの工場でおじさんたちと仲間作りをやったの。

―― そういうときに、傾聴とかカウンセリングの力が役に立つわけですね。

森崎 「カウンセリング」って言うと、これまた誤解されるといけないから「リスナー研修」としたわけです。

―― でも、カウンセリング・スキルが役に立つんですよね。病院臨床のことは無駄ではなかった？

森崎 それまで持っていたもの全部を、あそこで出しました。私は一人で、当時の東芝の従業員は七万五千人くらい。だから、一人でいくらやっても無理だからチームで動かなきゃいけないということになった。そこで、各工場の看護職を巻き込もうってことになって、毎年一泊二日とか二泊三日で看護職研修を開始したんです。それまでは、看護職や女性は軽んじられていて研修を受ける体制がなかったんです。

―― 専門職なのに。

森崎 当時は専門職だと認められていなかった。やればできる力のある人もいたのに活用してなかった。そういう人たちがいかに重要か、役立たせなきゃいけないかってことを本社に話して予算をぶんどってこなくちゃいけないってことになった。そうしたら、会社と健康保険組合（健保）との両方の費用で賄《まかな》おうということになったの。健保には疾病に関する予防費があり、それを使わせてもらうことにしたんです。それで看護職の研修を始めたんだけど、教育のついでに、それをきっかけに横のつながりを作ったの。各工場がばらば

東芝での研修会（1993年）

らで看護師・保健師たちもばらばらだったのを、横につなげて自分たちが一緒にやっていくチームを作ったの。ネットワークで企業のメンタル・ヘルスを展開していったんです。

――声高にカウンセリングを謳《うた》わないところがさすがだと思います。

森崎　「カウンセリング」という言葉は使わなかった。使わないでそういうことを浸透させていった。

――本社の勤労部というところだから動きやすかった。

森崎　本社が方針を出すと津々浦々まで届くんです。ただし、本当に津々浦々まで浸透させるためには現場にいって指導しなくてはいけない。だから私が動き回っていた。でも、一人じゃ間に合わない。そこで看護師や保健師たちと連携する。さらには現場に素晴らしい管理者がたくさんいるから、彼らをリスナー教育を展開するにあたってのトレーナーにすれば良いと思ってトレーナー教育も始めました。そうするとすごく優秀な人たちが工場から選択されてくるんです。

――素地のある人たちがいるんですよね。

森崎　そういう方たちが、良しと思ってくれると今度はほっといても動いてくれる。メンタル・ヘルスっていうのは、そういう仕組み作りなんだ、システムで動かないといけない。東芝ではそういうことをやらせてもらった。それで東芝には十一年間、一九九六年までいました。

――心理職の常勤はずっとお一人で?

森崎　そうです。たまたま採用した社員が心理職だったって感じですね。

――女性の心理で、産業分野[9]では草わけになるのでは?

森崎　男性では、福井先生と北村先生は企業で常勤でやっていました。非常勤で良い仕事をしている方もいらっしゃいます。でも、女性の常勤は今でも少ないです。だから、私が仕事をしているかのように見えちゃうのね。

――そういう意識がなかったにしても、結果として歴史を作られた。

森崎　たまたま大企業でこういうことをやっているっていうことが外にわかると、「教えて」って言われますからね(笑)。あとになってから聞いたんだけど、偉い部長さんなんかも「仕方がない」って言って、「やらせておけ」ってことだったんですって(笑)。でも、「失敗したらみんなでフォローしよう」とも言ってくれていたそうです。

――でも、そう思わせたのは先生が組織をいきなり壊す人物のようには見えなかったからじゃないでしょうか。

森崎　彼女がそう言うからには、あれだけ真剣に言うからにはやらせてみようかってことになったんだと思う。私たちの先輩はとても個性的でパワーのある人たちだけど、私はそれこそ家庭に入ってしまおうかと思うような人間で、しかも亡くなった社員の奥さんだったから、そういうところでかなり自由に受け止めてくれたところはあったらしいのね。いま思うと、「そんな恐ろしいこと今は言えないわ」っていうようなことを平気で言っていた（笑）。

――かえって知らない強みもあった……。

森崎　「それは変だ。おかしい」とか、「企業の社会ミッションでしょ」とか、「一人や二人を支えなくて誰が支えるの」とか、いろいろと言ったらしいです。私は覚えていないんだけれど（笑）。そういうふうに言われると、「そうだな、やらせていいか」ってなりましたって、あとで言われました。物議をかもしていたのを、一所懸命に私の上司たちが押さえながらやらせてくれたんです。ほんとにチームだったんだなと思いましたね。だから、看護職とすごく仲が良かった。よく女性同士の確執って言うけど、自分はそういうことで悩んだことはないの。あの当時の看護職の方々はいい人たち、素朴な人たちだったんだと思う。彼女たちもそれまではすごく未燃焼だったわけです。それを本社で一同に会して教育をやってくれて、「あなたたちが中心になっていいんだよ」、「一番身近な存在は看護職よ」「待ってないで動きなさい」、「どんどん現場に動いていきなさい」って言われて、それまでは診察室みたいなところで社員を待っていたけれど、「そうだ動こう」って思うようになったそうです。そう思った人たちはその後、すごくいろいろな活動をするようになったんです。

現場を求めてソニーへ

――上手くいっているので、ずっと東芝にいらしてもいいのに転機が訪れるんですよね？

森崎　それは年齢がいって、だんだんとジェネラル・スタッフのほうへ、つまりマネージメントのほうになっていったからです。

――つまり、だんだん偉くなっちゃったんですね。

森崎　十年も経つとそうなるのね。私が所属していた安全保健センターは労働衛生すべてに関係することをやるところだったから、「私はメンタルだけです」なんて言ってられない。最初は役職ではあっても現場にどんどん出てたんだけど、もうこれだけシステムを作ってこれだけ動ける人たちができたんだから、もっと本社のなかで健康管理のシステムをコンピューター化するとか、システム作りを担当してもいいんじゃないかってなってきたからです。それで少し手伝ったんですけど、「変だな、これはメンタル・ヘルスの仕事ではない。本来の私とは違う」と思い出した。そんなときにソニーから、「東芝でやっていたようなことをソニーもいずれやらなきゃいけないからきてもらえないか」って声がかかったの。ジェネラル・スタッフに徹しなさいとか、現場を離れなさいみたいになっていて、ちょっと不適応な感じがしてるときに、今度は現場でやってみてくれないかって言われたら心が動くじゃない。

――ソニーのお話は現場だったんですね。

森崎　ソニーは中央集権企業じゃないから、東芝で言ったら工場の健康管理室でやることになる。ソニーは各工場が独立王国みたいになっているんです。厚木テクノロジーセンターという、ソニーの頭脳が集まっているところが厚木にあったんですよ。そこで仕組み作りや教育をやってもらえないかと言われたんです。東芝は出来上がっているように見えてもまだまだやらなくちゃいけないことがあった。だから、どうしようって悩んで。それで東芝の人事の人とか、私を育ててくださった勤労部のお偉いさん方たちにどうしようって言ったら「辞めてもいい」って言ってくれたんですよ。「ただし、ソニーってところは東芝と違ってシステマティックにはできないよ。あそこの実態は東芝とは全然違うからそのつもりでいきなさい。それで失敗したら戻ってくればいい」とも言ってくれた。

――へー。

森崎　戻ると言ったら戻れたかどうかはわかりませんけど、そう言われるといこうと思うじゃない。逆に、その代わり戻れないぞと思って。それで東芝には一九九六年の七月三十一日までいて、翌日から休み無しでソニーに入った。

――ソニーで心理職を雇うのは初めてですか？

森崎　本社では慶應の先輩の片山先生が長いことカウンセリングをしていらした。常勤では私が初めてです。ただ、ソニーの場合は常勤だけど社員ではなかった。ソニーの健康管理担当は、ある年齢以上、たとえば四十歳を過ぎちゃうとみんな嘱託になるの。私ももう五十歳になっていたから嘱託でしたけど、実質的には毎日、厚木にいきました。今回は、全社に展開じゃなくて厚木だけに関われば良かった。ソニーはカンパニー制度をとっていて、各カンパニーの研究所が厚木にはいっぱいあるわけ。それで厚木全体の総務部はあるんだけど、それとは別個に、それぞれのカンパニーに人事部門があるわけですよ。その、それぞれのカンパニーの人事部門の部課長さんたちがすごく熱心に「教育をやりましょう」と言ってくれて、上手く教育展開ができました。

――先生は総務部にいらした?

森崎 総務部のなかに健康管理センターがあって、そこの課長職っていうかたちでいたわけです。東芝時代はもっと広い施策を考える立場でしたが、ソニーでは健康管理の施策を考える。だから東芝時代とはちょっと違いました。各カンパニーの部課長さんたちが実際のケースを持ってくる。そこで具体的に何が問題かを一緒に考えますから、仲良くなるの。私が個人セラピーだけをやっていたらそうはいかなかった。いったい何が原因なのかということを考えると、その背景に組織の問題があったり、上司の問題があったり、会社のシステムの問題があったりする。もちろん本人の家庭的な問題があったりもする。そういうところを明確にして、その人が生きやすくするにはどうしたら良いかを指導する。その過程で人事の人が信頼を持ってくださるようになるんです。

――直の部下のことだったりするわけですからね。

森崎 その人がもう一度現場で元気になるためにはどうしたら良いかってことを、その社員には了解をとった上で人事や上司に明確に具体的に指導するってことが大切なんです。もう少し優しくとか、仕事をちょっと配慮しましょうとかいった抽象論では駄目なのね。そうしてやっていくなかで人事の管理者たちと良い関係になって、「じゃあ管理職研修をしよう」ってなっていった。東芝では「リスナー研修」って言っていたけど、ソニーでは「リスナーマインド研修」っていう言い方をしていました。

――ソニーにはいつまでいらしたんでしょうか。

森崎 ソニーには、一九九九年までの三年間です。管理職になると定年が早くなるんです。それで辞めようと思ったんだけど、私は嘱託だから辞めないでもいいって言われて、結局五十九歳くらいまではいました。私、再婚しているんですけど、再婚を機に、もう辞めようと思ったのよ。

――再婚されたのがきっかけで?

森崎 家が千葉になりましたから厚木にいくのは大変で。そしたら本社に途中下車しろって言われたの。

――千葉から厚木にいく途中の本社で下りろってことですね(笑)。

森崎 「本社でやったら」と言われて、そこでまたやってしまったんですけど、最終的には五十九歳で常勤は辞めました。なぜならば、その再婚相手が、分野はまったく違うのですが大学の教授で定年が六十五歳までだったの。それで夫が、「もう何もやらない、自分の生活をする」ってすぱっと大学を辞めてね。「定年までは君は自分の好きなことをやっていていいけど、その年になったらもう君も家に戻ったら」って言われて約束していたから、非常勤にさせてもらったの。

――非常勤になってもずっとソニーにいかれていたんですよね。

森崎　二〇〇五年までいっていました。

――現在の大学に赴任されたのはいつでしょうか。

森崎　二〇〇五年四月からです。ソニーをその年の三月で辞めて、地域の産業保健推進センターのサポーターにでもなろうと思ってたの。だけどまたまた偶然、帝京が大学院を作るということで「一種校の指定を受けるためには臨床心理士の資格のある先生が必要なんだけど」って声がかかってきた。私は「じゃあ週二日なら」って言ったら、「それでいい」ということで決まりました。だからソニーの人に「辞めると言って、またそっちにいったんですか。そのために辞めたんですか」って叱られました。誤解されてそう言われたけれども、そうじゃないの。たまたまそうなったのよね。夫が「やめろ」って言ったらやらなかったんだけど、「産業心理臨床には今、少し光が当たっているから君に声がかかっただけだよ。数年間だけだから引き受けたら」と言ってくれて、それでお引き受けしたんです。

カウンセラーへの近道

――心理カウンセラーになりたい人がたくさんいる時代になりました。それも大半が女性です。先生も大学でそんな学生さんに指導されていると思います。いつもどういったアドバイスをしておられるのでしょうか。

森崎　私の場合は、心理学科に入ったときに「カウンセラーになりたい」って思いがなかったじゃないですか。何か自分らしい生き方をしたいと思っていたら、たまたまその時代に心理学に出会い、そして心理学科に入った。それからこつこつと、そのときに必要なことを学んできたわけです。長い目で見ると、それが結果として全部プラスになっている。特に産業という世界で必要なことは、ごく普通の人のセンスだったんです。それがわからなければ何も仕事ができない。私は通常の社会人としてまともなセンス

帝京平成大学の教え子たちと（2005年）

というものがなくて、「あれ？」っていう感じだった。特別な一流の先生方や能力のある方と違って、臨床の世界の底辺でこつこつと地道にやっている人たちはたくさんいて、私もその一人だったわけです。でも、普通の人のセンスで仕事ができることはとても楽しかったし、面白かった。産業の世界でやっていくのに必要なのは、周りと普通のコミュニケーションが取れて、普通の生き様が共有できるということかしら。心理学の専門性やスキルはもちろん持たなくちゃいけない。でも、それプラス普通の人の生き方というものもぜひ身につけて、わかっていてほしいなと思います。それが産業分野で仕事をする人たちに望ましいことかなと思いますね。

―― そうすると、若いころから臨床臨床って狭いところに閉じこもって、特殊な生き方をすることは近道ではないかもしれない。

森崎　社会人経験をなさって、そして臨床心理の世界へ入り直してくる方々がいますよね。そういう方たちって、そういう意味では安心できるかなって思いますね。ただ単に「臨床心理士になりたいから心理学科に入りました」とか、「大学院に進学したいです」って言う学生が結構いるので、私は大学の四年生には「あなたたち大学院にいって、ほんとに何をやりたいの？　一度社会人を経験してらっしゃい」って言っているの。今、私がいる大学は社会経験した人に対してはちゃんと優遇してくれるんです。だから、「ストレートで入るよりも、もう一回ちょっと考えてきなさい」って言っています。

―― 先生は現役でバリバリとやっておられるんですが、これからやりたいことはどんなことでしょうか。

森崎　産業の世界って面白いんだけど、まだ、なかなかみんなが関心をもってくれていない。でも、心理の人が求められている世界だから、そういう世界に目を向けてくれる臨床心理士が出ればいいなってことを思っていたの。それで学校に関わろうかなということになったんです。でも、正直言って大変ね。大学院のカリキュラムなんかそう簡単には変えられない。

―― そうですね。必修でもいっぱいですからね。

森崎 ということで、今は日本臨床心理士会の産業領域委員会の委員を、これもたまたま声をかけられたんでやっているんです。「現場の声が反映できるかもしれないな」と思って引き受けたんだけど、まだまだ前途多難です。でも、少しずつ動き出せればね。

ばか利口が良い

―― 先生がこれまでに影響を受けられた本を一冊挙げるとすれば何でしょう？

森崎 じゃ、ヘルマン・ヘッセ。

―― ヘッセの何でしょうか？

森崎 『デミアン』[10]です。

―― すご～い！

森崎 あれは、もうやっぱりすごい。

―― どれくらいの時期に読まれたんでしょうか？

森崎 高校を出て大学に入るまでの間です。私たちの時代はボーヴォワールの時代だったんだけど、ボーボワールって「女はうんぬん」っていうのだから、今の時代は違うと思う。だから今はあまり勧めない。それよりも人としてって考えると『デミアン』なのね。

―― いろんな心理のお仕事を今までされてきて、一番、影響を受けた方は？

森崎 それはやっぱり慶應義塾大学の小此木先生とか馬場先生。お二人には足を向けて寝られない。小此木先生が亡くなられたことは、とてもつらいです。それと、女子大時代の白井常《しらいつね》先生[11]。心理学科教授です。白井先生には「基礎をちゃんと学んでいたら、あなたたちが将来どんな領域にいっても大丈夫」って言われたの。

―― 大きな言葉ですね。

森崎 もう一つ、白井先生は「人間には利口利口と、利口ばかと、ばか利口がある」って言うんです。わかる？「利口利口にはなるな。教育を受けた人は利口利口になる。利口ばかもいけない。ばか利口が良いんだ」って。私は「いざというときはちゃんと動ける。でも、いつもあんまりきりきりしていないで、ゆったりと人間らしく生きなさい。それでいて必要なときに、きちんと毅然と動ける人になりなさい」って意味だと思ってるんだけど、それは言葉としてすごく思い出のなかにありますね。

注

1　女子の進学率
一九五五年当時の日本における女子の進学率は約五パーセント（大学・短期大学含む）、男子は一五パーセント。

2　東京女子大学
一九一八年に開校。初代学長は新渡戸稲造。一九五四年に元東京大学心理学科教授の高木貞二が学長に就任し心理学教育の充実が図られた。

3　日本女子大学児童科
戦後は児童学から発展し、児童相談の研究所を設置。天羽大平（催眠研究、カウンセリング）や、ロールシャッハテスト日本女子大式の児玉省などが活躍した。内田勇三郎も晩年顧問を務めている。

4　新渡戸稲造（一八六二－一九三三）
農学者、教育学者。東京帝国大学卒業後、アメリカのジョンズ・ホプキンズ大学に留学。帰国後、札幌農学校助教授となる。後、病気療養のために滞在したアメリカで『武士道』を執筆した。

5　東北帝国大学
帝国大学に女性が入学したのは一九一三年の東北帝国大学を嚆矢とする。その後、他の大学でも入学が認められるようになったが初めて女性が入学したのが東北帝国大学であったことから、「女性が入れるのは東北大学だけ」というイメージが出来上がった。

6　林髞（一八九七－一九六九）
木々高太郎は筆名。ロシアのパブロフの弟子。慶應義塾大学教授などを務めた。専門論文以外に啓蒙エッセイ、文学書なども執筆した。

7　武田病院
「境界例」の研究を行った武田専が院長であった病院。

8　前田重治
九州大学名誉教授。精神分析を実践。『芸論からみた心理面接』（誠信書房、二〇〇三）などの著書で知られる。

9　産業分野におけるカウンセリング
一九六四年の相馬紀公「産業カウンセリングの実際」（『教育と医学』十二月号）には産業カウンセリングの実際の体験談が掲載されているので、少なくともこの時期には産業カウンセリングの領域が存在したと思われる。なお、一九五四年の日本応用心理学会の記録では「産業心理部会」がすでに存在していた。

10　『デミアン』
ヘルマン・ヘッセ著、高橋健二訳（一九五一）新潮文庫

11　白井常（一九一〇－一九九九）
心理学者。東京女子大学卒業後、ジョージ・ワシントン大学で心理学を学ぶ。のちに東京女子大学教授となる。

Ⅲ　橘玲子インタビュー

医療に生きる

interview with Tachibana Reiko

橘玲子プロフィール

1937　新潟県生まれ
1959　新潟大学卒業
1961　お茶の水女子大学家政学部児童科専攻科修了
2000　放送大学教授
現在　新潟青陵大学・大学院教授
著書　『スーパービジョンを考える』創元社　2001年
共著　『ユング心理学』放送大学教育振興会　2004年
　　　『レクチャー心理臨床入門』創元社　2005年

interview notes

前日に「第九回大学病院心理臨床家の集い」があり、その日は午前三時過ぎにホテルに帰宅した。明けて二〇〇六年九月十八日、睡眠不足のまま新大阪ステーションホテル本館の会議室に、午前八時三十分に到着した。橘先生も時間前にお越しになった。早速、先生は私を労ってくれる。病院臨床の大先輩なのに、いつお会いしても威張ったところがまるでない。

ロジャーズと『十二人の怒れる男』

――先生は長く病院臨床を続けていらっしゃいますが、最初に心理学やカウンセリングに出会われたのはいつごろでしょうか。

橘　新潟大学[1]の学生のころです。私が大学のころって、まだ臨床心理学の講義はなくて、学習心理学を聴講していました。それはほとんどネズミの講義が中心だったのですけどね（笑）。そのときに、たまたま加藤謙先生という先生が「自己決定を援助する学問がアメリカで出てきた」という話をされたんです。そこで初めてロジャーズのカウンセリングのことを知りました。

――ロジャーズを学習心理学の先生から教わった？

橘　授業の副産物みたいなかたちで先生がロジャーズのことを話し出したんです。それが私にはすごく新鮮で不思議で、臨床心理学とかカウンセリングってどういうものなんだろうって思ったんです。精神分析についてはちょっと本を読んでわかっていたのですけど、精神分析はトレーニングを受けないとできないし、私には構成概念が複雑だった。まだあのころは自己心理学とかはない時代なので、ロジャーズの[2]「自己決定を援助する」っていうやり方がどういうものなのかってことに関心を持ったんです。「どうしてそういうことができるんだろう」って思って。でも、当時は本もない。友田不二男先生[3]のカウンセリングの本が出たか出ないかっていうころです。

――先生は心理学科に入学されたのですよね？

橘　新潟大学には人文学部と教育学部の二つがあって、今はなくなったコースなのですけど、教育学部に心理学を専攻する教育心理学科という特別な課程があったんです。普通は教育学部教育学科の中学校・小学校というふうにわかれているんだけど、教育心理学科というのはそれと関係なく独立してあったんです。教育学部のなかに教育学科、教育心理学科、教育哲学科というのがあったんです。

――先生は教育心理学科に入られた？

橘　そこで毎日毎日、心理学のことばっかり。

――同期生は何人くらいでしょうか。

橘　六人かな。

――やっぱり少ないのですね。女性は？

橘　私一人でした。あと五人は男性。

――当時、心理カウンセラーで食べていけるなんて？

橘　いや、まったく思わなかったですね。心理学を勉強して、いったいどういうふうに仕事に就くかといったことは、まるっきりイメージできなかった。でも、学校の先生は私には不似合いだと思っていたので、個人を援助する仕事に就きたいという思いは何となくあったんです。

――講義のなかでカール・ロジャーズの存在をお知りになられて、関心を持たれたということですが。

橘　『十二人の怒れる男』[4]っていうヘンリー・フォンダ主演の映画があるんですが、あの映画が私を心理学へと向かわせる動機づけの一つになったんです。

どんな映画かと言うと、父親殺しの容疑をかけられた少年がいて、彼が有罪か否かを十二人の陪審員が議論しあうという映画です。最初は十一人の陪審員が、被告の少年は有罪だというふうに決めつけているんですけど、ただ一人、ヘンリー・フォンダが演じる主人公が有罪ではないかもしれないっていうことをみんなに説明するの。それでいろいろな証明をしながら、小さな部屋で十二人の陪審員が議論をするんだけど、「なんでこんなに簡単な事件で、被告は有罪なのに」って感じで最初みんなはブーっとしているわけよ。それで最後まで「有罪だ、有罪だ」って言い

『十二人の怒れる男』　DVD 発売中（スタジオ・クラシック・シリーズ）20 世紀フォックス ホームエンターテイメント　

放っていた恰幅のいい男性がいるんですが、終盤になってみんなが「有罪じゃないかもしれない」って方向に動くのに、その一人だけが「何で有罪にしないのだ」って怒るんです。そのとき、彼のポケットから自分の息子の写真が出てくるんだけど、その息子は非行少年で犯罪者なの。それを見て私は「ああ、そうか」って。自分の息子が犯罪者だと他人も犯罪者にしたくなるのね。そいういうふうに、この映画は私にとってものすごく強烈だったの。

―― 有罪か無罪かよりも、そのシーンが先生にとってはとてもインパクトがあった？

橘 自己決定という意味でね。たとえば自分の息子のことがプロジェクト（投影）されて有罪だって主張してたわけだから、その決定過程に、その人の生活歴がすごく関係がある。それがすごい強烈でしたね。

―― その映画は、ロジャーズと出会われたころに？

橘 たぶん同じころです。たまたまロジャーズの話をちらっと聞いていたので、それが私のなかでドッキングしたんでしょうね。

―― その当時は、臨床心理学の先生やカウンセリングの先生っていらっしゃらないし、同期生は男性ばかりだったということですが、心理カウンセラーとして女性の職業モデルはどなただったんでしょうか。

橘 今、考えると佐藤紀子[5]先生と丸井澄子[6]先生かな。でも、いずれも精神分析ですね。それに実際には全くお会いしていません。

―― そうしますと、職業として食べていけると言うより、ひきつけられて勉強していた？

橘 活《い》かせたらいいってもちろん思っていましたよ。でも、職なんて全然ないじゃないですか。せめてそれを活かすとしたら家庭裁判所の調査官くらいだったでしょうか。戦後、日本で心理学を学んだ人をプロパーでとったのは家裁の調査官で、あとは行政職で県に入るくらい。

―― そうしますとそのころは、大学で心理学を勉強してどういう進路が考えられたんでしょうか？

橘 私の周りの人たちは小・中学校の先生になってました。私は卒業論文をロールシャッハで書いたのですが、普通の心理テストだと質問紙がとても多くて、そういうようなものではなくて、もっと人間の心のなかを理解する方法ってないのだろうかってウロウロしていたらロールシャッハ法という方法があることがわかったんです。そのころ、ベックだとかヘルツだといった人たちの英語版の本はたくさんあったけど、日本語版のロールシャッハの文献ってほとんどなかった。でも私はロジャーズのカウンセリングよりは、ロールシャッハ法のほうが勉強しやすいのではないかと思ったんです。私がそんなことを言ったら、じゃあ良い先生を紹介してあげるから精神科へいって習ってきなさいって言われたんです。大学の心理学の黒田正典[7]先生が精神科につないでくださって、それで精神科にいったらたまたま千葉の国立精神衛生研究所の近くにある精神科の私立病院（市川市）で、ロールシャッハ法を習ったばかりの精神科医から手ほどきを受けました。シャハテルやクロッパーの本を目にし、クロッパーの本のほうが役に立ちました。それが私にとって臨床心理学のスタートと言えるかな。けど、どうも一人だけだとやっていても上手くいかない。だから自己決定のこともあるし、新潟にいてもしょうがないかと思って東京に出ました。

お茶の水女子大学へ

橘　お茶の水女子大学[8]に専攻科っていうのがあって、そこの試験がドイツ語辞書持ち込み可だったんですよ。それでそこを受験したんです。それともう一つ、平井信義先生があのころすでに自閉症の研究をしていらしたので、平井先生のところにいくのも手かと思って。それを大学の先生に相談したら「いってもどういう職業に就けるかわからないね」って言われました。父も「こんな海のものか山のものかもわからないものを勉強しに東京へ出すなんて」と言う。でもそのとき、父は私に内緒で大学の先生のところへ相談にいったらしいんです（笑）。そしたら大学の先生は、

お茶の水女子大学本館

私には妹が二人いるのですけども、「三人のお子さんがいれば、一人くらいは訳がわからないことをやってもいいんじゃないですか」って言ってくださったんだそうです。それで父も「大学の先生がそんなに言うんだったら、それでもいいか」ということになった。意外なことに父の書庫のなかには心理学の本があったんです（笑）。当時はお茶の水女子大学に大学院

はなくて、私が入ったのは現在の大学院の前身のお茶の水女子大学家政学部児童科専攻科というところでした。そこには松村康平[9]先生の研究室とか、津守式の津守真[10]先生の研究室があって、それに浅見千鶴子[11]先生という学習心理学をやっていらっしゃる先生もいらした。そこで発達の勉強もうんとさせられました。でも、私が勝手に動くので気分を害されたみたいで、あとで少し困ったことが生じました。

――そのときの同級生はどうなされていますか。

橘　大学の教員になられた方が多いです。新潟大学では女性は私一人だったけど、お茶の水は女性ばっかり。それでちょっと不適応になったみたい。松村先生はご自分の研究のルートにみんなを乗せていくので、そのルートから外れるとご不満だったんですね。やりたいことをやるという私のスタイルは適応的ではなかったのでした。でも、好きなことは勉強できました。

ロジャーズとロールシャッハ法を同時に

――東京では他にどういったことをなさっていらしたんでしょうか。

橘　大学にいながら、同時に国立精神衛生研究所の片口安史[12]先生のところにいっていました。西村（旧姓荒尾）良子《よしこ》先生がそこで助手をしていらして、その方がすごく臨床に関心がある方だったのでご縁ができたんです。昭和三十五（一九六〇）年ごろです。それから、あのころ、明治大学で三木アヤ[13]先生たちのグループがロジャーズの勉強会をやっていたんです。そのころ、佐治守夫先生がロジャーズのいるウィスコンシンに留学をするころだったと記憶していますが、佐治先生のグループも国立精神衛生研究所にありました。だからロールシャッハについては片口先生のところにいき、同時にロジャーズについては、佐治先生のお弟子さんたち（村瀬孝雄、山本和郎、越智浩二郎の各氏）が集まっておられて、そこで佐治先生のテープを聴いたりしてたの。だから両方を学べたんです。

――先生が惹きつけられていた、ロジャーズとロールシャッハ法の両方にそこで出会えたんですね！

橘　すごく幸せでしたよ。でも、あんまり頭が回らなくて（笑）。ロジャーズを理解するのは難しく、ロールシャッハのほうがわかりやすかったですね。あのころ、国立精神衛生研究所に小川信男[14]先生っていう医師がいらして、その方がロジャーズのやり方で心理療法をやっていて、その事例検討というものにそこで初めて接しもしました。今に至る臨床心理学のさまざまな萌芽を全部浴びた感じです。すごく恵まれたときだったと思います。いま思うと不思議ですよね。私は仕事って基本的に現場主義、いま自分がいるところで精一杯に仕事をして、いろんなものを考え、今日出会った患者さんでも、今いる組織のなかでも、そこでものを見ていくっていう主義なのです。だからあんまり職場異動しない。結果的に私の仕事場ってほとんど精神科中心の医療現場で、全く動いていないって言ってもいいくらい。だけど、若いときはどこか一つ破る時期があるんですね。私の場合は何がなんだかわからないけれど、あのときは「何かやってみるしかないかって」思って東京に出てきました。それで生きながらえたというか、そこで出会いがあった。

――当時、国立精神衛生研究所[15]にいらした女性は？

橘　ロールシャッハ法の田頭寿子先生がおられて、高柳信子先生とか、金城朋子先生とか、臨床に関心のある女性たちが何人か私の先輩でおられた。そういう方たちが臨床でロールシャッハを取って考えたりしている姿を見て、「こんなふうに勉強していくんだ」って思いました。でも、西村良子先生にお会いしてなかったら、大学の不適応学生でどうなっていたかなあとは思いますね。

――お茶の水女子大に所属しながら、国立精神衛生研究所にいらしたのは、何年くらいでしょうか。

橘　約一年かな。意外と短いんですよ。

――でも、きっと濃厚だったのでしょうね。

橘　なかにどの程度入れたかはまた別ですけど、そこで鮮明に窓が見えたんだと思います。その後、臨床で四苦八苦するわけですが、ただ、窓が見えた。

電気ショック全盛時代の病院へ

――その後はどうなされたのでしょうか？

橘　実家に妹たちがいるから、長いこと勉強するなんて考えられなかった。やっぱり就職をしなくてはと思いました。私の時代は、自分で自分の生活を立てていかなくてはいけないという時代です。今みたいに博士後期課程までいって勉強するなんてことは考えられもしなかった。それでどうしようかと思って、新潟の大学の先生に相談しました。ロールシャッハに関心があったので、病いのある人たちに直接触れているほうがいいかなと思ってました。それで大学の精神科の教授から紹介されて、郡山の精神科の病院に就職しました。単科の三百床くらいの精神科病院でした。あのころは精神科の私立病院がいろんな地域にできた時期だったの。心理学なんて全然売れないけど、自分が勉強したことがどんなふうになるのか見てみたいという好奇心もあった。そうして常勤で就職しました。

—— その病院に心理職者は？

橘 いない。心理なんて何したらいいのかわからなかった。

—— 仕事のモデルもないですよね？

橘 ＰＳＷ（現在の精神保健福祉士）もいない時代だし。

—— 片手にロジャーズ、片手にロールシャッハって感じでいかれたんですね（笑）。

橘 上手くわかっていくのだろうか、わかればいいなって思いながらいきました。学生のときに精神科の実習があったから、全く感じを知らないわけではないですけれど、でも外来レベルだったでしょ。入院病棟っていうと本当にびっくりするだけでした。電気ショック全盛の時代です。ようやくウィンタミンやコントミンが出たころなんですよ。

—— コントミンが開発されたのが一九五二年で、そのあとに日本にきたのですから、そうですよね。

橘 そこの精神科の医師は、私がきてびっくりしたんじゃないでしょうか。だって、四十八キロくらいのひょろひょろの女の子が心理できても、何をやらせていいのかわからなかったと思います。先生たちも、「こんな若い女の子を押しつけて」と思ったんじゃないでしょうか（笑）。私も今だったら、若い女の子が何にも知らなくてきても患者さんに会わせるなんてことは到底やらないと思う。でも、そこの先生たちは面白い先生たちで、私がどの程度できるか力を自覚させたかったのかな、カルテを全部取り上げて「あなたこの人に会ってテストしてごらん」っていうのが半年間くらい続いたんですよ。

—— ブラインド・アナリシスみたいなことをやらされたんですね。橘先生は患者さんに会ってロールシャッハをとって、所見を書いていた？

橘 当時はロールシャッハを一人とると自分が持っているものを全部使っても書けないので、夜の七時とか八時くらいまで病院にいた。入院しているようなものでしたよ（笑）。それですぐに病院の近くに部屋を借りてもらって、自炊なんかしないで医局で病院食を食べてました（笑）。

—— 今だったらスーパービジョンを受けるとか、指導教員にみてもらったりしますが、何にもないんですよね。所見の書き方のノウハウなんかもありませんよね。

橘　でも、やるしかないと思った。そのときに精神医学をすごく勉強しました。精神医学の枠のなかで自分は働いているんだっていうことが嫌っていうほどわかった。高校生なんかがくると、心理療法なんて全然まだポピュラーじゃないんですけど、精神科の医師が「インタビューしてみたら」って言ってくれたんです。

――それでインタビューを？

橘　国立精神衛生研究所で山本和郎《かずお》先生に、私が「本当にどうしたらいいかわからない」って言ったら、彼はスーパービジョンっていうアメリカのシステムをわかっていたので「テープをちゃんと送ってくれれば、見てあげる」って言われたんです。面倒見の良い方で本当にありがたかったですね。それでお金も差し上げないで見てもらっていたような気がする。いま思えば恥ずかしい。

――橘先生は郡山にいらっしゃって、山本先生のところへ郵便で送っていた？

橘　五インチだったか七インチだったかのテープに収録して、逐語記録をとって送ると、「共感」とか「受容」とかってことを言われるんだけど、その「共感」がわからなくて。でも、そこで初めていろんなことを言われました。それはものすごく良い経験だったと思います。

――佐治先生のテープを聴いたりされていたから、橘先生もそういうことに慣れていらっしゃった？

橘　逐語記録を取ってみんなで検討して、しかもどう理解してどういう言葉で返すかっていう、ものすごく実践的なケース・スタディによく出ていたんです。ですからテープに抵抗はなかったです。今の若い人たちはテープをとって逐語記録をとることに対して抵抗がありますよね。私の経験から思うに、自分がまず自分のやっていることを見てもらって、それで学習していくほうがずっと早いと思うのですけど。それで山本先生には一年くらい見てもらって、すごくそれは感謝しています。

――面接は山本先生だとして、新潟に戻られてからのロールシャッハの指導者は？

橘　卒論で百例くらいのロールシャッハはとったので、スコアリングは大丈夫でした。ところが所見は七転八倒。だって、当時の郡山には誰もロールシャッハの指導者はいませんでしたから。精神科医と私以外にスタッフがいないんですよ。チーム医療になったのは、ごく最近です。アメリカではＰＳＷはかなりきちんとしていたけれど、日本でＰＳＷが入り始めたのはもうちょっとあと、私が入ったあとだったと思います。でも、県立病院では一人か二人いた

悠久荘（現・新潟県立精神医療センター）

かな。その後、一年もしないで私は悠久荘[16]へいったんですよ。

――そうすると一年ほどで悠久荘に移られたんですね。

橘　佐藤忠司先生のところにいきました。あの先生に出会ったのも大きいですね。

――そのとき、佐藤忠司先生は常勤でいらした？

橘　常勤で私の上司でした。最初は二人だけでした。佐藤先生は私より二年くらい前に悠久荘にいっていたんじゃないかな。それでもう一人必要だということで、私がいったんです。郡山時代に電気ショックを十人とか二十人に一度にするのを見たりして、あれは夢でうなされましたね。忘れられない体験です。医学生は解剖をしたときにものすごいところまでいくと思うのですが、私はそのときに「本当にこれが現状なんだ。私が今やっている臨床心理学で何ができるんだろうか」って思いました。強烈な体験でした。あのころは保護室がたくさんあって、「現実をちゃんと見なきゃ」って精神科医が私に言って、「今日は電気ショックをするのできなさい」って言われて医者のそばでじっと見させられた。保護室にいくときにも「保護室に一緒に」って、今から思えば、まだ何にも知らないからいけたのかなと思いますね。

トンネルのなかへ――悠久荘のころ

橘　児童精神分裂病（childschizophrenia）という概念があって、悠久荘へいってその事例に出会いました。それは四歳くらいの男の子の事例なのですけど、『赤胴鈴之助《あかどうすずのすけ》』[17]の絵を描くのがとても好きな子で、本当に素晴らしい絵を二歳くらいから描いていたんですけど、半年経たないうちに絵が全部崩壊しちゃって真っ黒にしか塗れなくなったの。悠久荘にいってすぐのことで外来の事例だったんですが、「先生は発達心理学をやっているから、子どもをみなさい」って言われてね。

――『赤胴鈴之助』を上手に描けていた子どもが、真っ黒しか塗れなくなっちゃった。

橘　ある一定の発達過程までいっていて、急激に荒廃する病的なプロセスなんです。びっくりするくらい、あっという間に崩壊していく。その方は器質的なものがあったのかもしれないですけど、脳波とか調べる限りでは何ともなかったんです。最終的に長いこと精神科に入院していたので、やはり精神分裂病[18]だったのかなって思います。その体験があって、臨床心理学って病に対して何ができるのだろうかっていう問いが出てきたんです。それはもう強烈でしたね。当時はロジャーズ全盛期でみんな燃えていて、私もロジャーズの勉強も同時にしていたんですけれど、ロジャーズだけではやっていけないというようなことも同時に感じ始めた。そんな発言をするとみんなに「あなたはロジャーズがわかってない」とか言われて。ちょうど地域の勉強会でもロジャーズの勉強をする人がだんだん増えてきたころで、そこでも「そんなには簡単にいかないわ」ってことを思いながらやってました。一時期、国立精神衛生研究所で臨床心理と精神科医とＰＳＷの長期研修があったんです。佐藤先生もそこにお出になってました。二カ月半くらいの泊まり込みの長期の研修を受けるんですけれど、全国から、心理の場合だと十人前後がきていたでしょうか。そこで佐治先生や片口先生に再会しました。でも、私は長いトンネルに入ったんです。ロールシャッハは日常的にやらなきゃいけないし、面接も青年期の子どもたちがくれば会っていましたが、そうやってなんかうろうろして仕事の手応えがありませんでした。

アニメーション版『赤胴鈴之助』
©武内つなよし／アースプロジェクト・TMS

――ロールシャッハもやり、面接もやっているけれど自分としてはトンネルにいる……。

橘　完全にトンネルですね。五年くらいは学会にも出られなかった。出ても、どこにつながるかがわからなくて、仕事の意義がわからなかった時期でした。うつ状態と言えますね。ちょうど三十代のころだと思います。でも、私はおめでたいところがあって、自分のやっているロールシャッハには興味がありました。最初はP反応の人間に見ていたのに「ここは人間じゃない、ここも人間じゃない」って言って、結局は人間でなくするのはどうしてなんだろうって。そういう、一つの人間の行為についての関心はあったんです。だけど、それが役に立つとか、そういうようなことは見えなくなってきた。

――仕事は辞めず佐藤先生と悠久荘にずっといらした？

橘　有り難いことに佐藤先生がリサーチをやっていらっしゃったので、リサーチについて教えてもらったり、いろんなことを言い合って協力してやってました。佐藤先生とは五年ほど一緒にいました。

私の戦い――医学部助手のころ

――どうやってトンネルから出たのでしょうか。

橘　その後、そろそろ一人でやってみようと思って、昭和四十二（一九六七）年に新潟大学精神科の助手になりました。周りでうろうろ考えていてもしょうがない、やってみるしか、なかに飛び込んでみるしかないって思ったの。

――医学部の助手は本来、医師のポストですよね？

橘　そうです、医者のポストです。

――先生の前任がいらっしゃった？

橘　いません。沢政一《さわまさいち》先生が教授で非定型精神病の研究をやってました。沢先生は、精神病にてんかんが入る可能性がある非定型の概念という、ちょっと新しくて珍しい概念を出されていたんです（非定型精神病は一般的には統合失調症と、そううつ病とが重なった領域）。新潟大学の先生方は脳波学とかが有名で、心理学とはなじみのないところで助手になりました。沢先生が人間に興味がおありで、ロジャーズの全集を全部持っておられるような方だったんです。それで臨床心理がいると良いと思われたんじゃないでしょうか。心理で当時、医学部の助手になっていたのは日本で一人か二人しかいなかった。

――と言うと、先生の他にもいらした？

橘　精神科ではなく、鹿児島大の中央検査部にいました。園田順一先生っていう、認知行動療法をやられる人が助手でいました。その方とは国立精神衛生研究所の研修で同級生でした。

――高良とみ[19]先生も一時、九州大で助手だったそうです。でも、短期間だったので、先生が入ったときにはもういなかったんですね。新潟大は、それまで勤務されていた病院とは違いましたでしょうか。

橘　病院とは違って今度は研究もすることになった。大学には「抄読会」っていう自分の研究領域の論文を一週間に一回ずつ抄読して発表する会があるんです。当時、精神科では『プロジェクティブ・テクニック』っていう雑誌や『ジャーナル・オブ・クリニカル・サイコロジー』[20]っていう雑誌を取っていて、私はそこから心理学に関するものを紹介していました。あるとき、その雑誌でたまたま自我の強さとか自我の弱さとかっていう自我の概念の記事、つまり精神分析に近いロールシャッハのようなものを読んだのでそれを発表したの。そうしたら脳波をやっている助教授の先生に「自我なんて目に見えないし、どうやって自我なんてものがあるって説明できるんですか」って言われたわけ。そこにいるのはみんな私よりも年上なわけで、私なんか一番若いくらい。そこでちゃんとした答えができなかった悔しさもあったんですけど、私はぐっときてしまった。それで私は必死に「自我というのは操作概念の定義ですよね。自我という概念があることによって、人間の行動をある程度まで仮説的にでも説明することができれば、自我っていう概念の有用性があると思う」って涙を流しながら応答したんですよ。もうそうなると男も女もない。必死でそれを言ったあとで何人かの精神科医が「良くちゃんと答えたね。あの概念の説明でようやくわかった」って言ってくれたんです。それからは、防衛機制とか転移っていうことをみんなが普通にわかってくれるようになったんです。

―― 素晴らしいですね。先生のおっしゃる通り、ああいう概念や言葉があることで、人の理解に役立つ。だから価値があるのですよね。

橘 そうなのです。それに、あれは精神科医がある程度この人は有用であるという、仕事仲間で良いっていう通過儀礼みたいなものだったのかもしれませんね。

―― ロールシャッハができるとか、面接ができるとかっていうのもあるかもしれませんが、自分が使っている概念をきちんと人に説明できるっていうことが重要。

橘 そういう共有語をきちんと説明していくっていうことがすごく大事だと思いました。そのときは、半分泣きべそかきながらでしたけど。でも、それは私の一つの戦いだったのかもしれないですね。

―― 心理学をわかってもらうということは意外に難しいですよね。

橘 操作概念とか構成概念でやるわけだけど、説明がちゃんとできなかったら相手にされなかった。一方で、精神科の医局は非常に実利的でもあるのです。だから心理の所見、たとえばロールシャッハの所見が自分たちの臨床の役に立たないとすぐにつまはじきにされます。有用だと、すごい信頼関係ができる。精神鑑定とかを教授と一緒にやるなかで「一緒に面接をしよう」とか、「僕これやるから、あれをやってみて」というふうに、教授がかなりバック・アップしてくれました。そうして、だいぶ自分の仕事がわかってきました。

――「意義」も少しずつ見えてきた？

橘　大きいことはやれないけれど、ちょっとならやれる。もう一人、心理で助手の方が一年くらいおられたんですが、その方はすごく激しい方で、周りと戦ったんですね。私は力がないことがわかっているから目立った戦い方じゃなくて、どうやって関係をつけるかということをやった。その方はすごく正直な方でしたから、たとえば質問紙の実施依頼が二つ、ＹＧとＭＭＰＩなんかが出ると「質問紙を両方やっていいのか？」って言っちゃうし、リポートにもそう書いちゃう。私はそういうことをしないのね。

――それだと大バトルが起きますよね？

橘　私はそうしないで、一つだけをやってその一つのことを丁寧に書く。その方は結局、辞めていきました。ちょっとかわいそうなことしたかなと思う。でも、その現場で自分がどうやって生きるかっていうことは、クライエントさんにとっても無関係なことじゃないんです。

――そうですね。自分が生き延びられなければクライエントとも一緒にいられなくなりますよね。

橘　クライエントも守れなくなるんです。関係をある程度良くしないと臨床活動ができないってことをそのときに学びました。すると今度は、昭和五十（一九七五）年くらいから臨床心理をやりたいっていう若い人が、研修生みたいな人がどんどんきだした。

――ずっと常勤は続けておられたんですよね？

橘　昭和四十二（一九六七）年から昭和五十九（一九八四）年まで助手で、保健管理センターが医学部の人事なんですが、それで昭和五十九年から保健管理センターの講師に出ました。そこでの業務は五分の一で、あとは精神科の業務でした。だから放送大学にいくまでほとんど精神科でした。

――医学部では専任講師になられた？

橘　いや、保健管理センターの専任講師になったんです。

――でも医学部ですよね？

橘　保健管理センターは全学のものなので、医学部の人事ではあるけれど所属は本部になるから、医学部には所属してないわけね。

――なるほど。そこでも先生お一人？

橘　そこも一人。

――放送大学にいかれたのは何年くらい？

橘　平成になってからですから保健管理センターも長いんです。平成十二（二〇〇〇）年に放送大学へいったのかな。だからずっと精神科にいたみたいなものですよね。

――先生が出られて、後任の心理の助手は？

橘　いない。もう心理の助手より医者がいっぱいいいて。

――ああ、そういう時代ですね。

橘　時代的に心理が取れる場所ではなかったですね。だから医者が少ないときに私が助手のポストに入れた。

――先生の後任の方は病院の職員として入っているのでしょうか？

橘　精神科の嘱託みたいなかたちで。医局のポケット・マネーできてもらっているようなものでしたが、最近は病院からお金を出すようになったみたい。でも、精神科の常勤ではない。それは教授の考え方もありますからね。

――先生は、まだ新潟大も続けておられるのですよね？

橘　新潟大の精神科は辞めました。

――新潟大は四十ベッドくらいですか？

橘　新潟大の精神科は大きくて病棟が二つありましたから約七十ベッドくらいだったかな。入院と外来、両方の患者さんを診て、心理検査をやり、面接もやり、研究もやるし、指導もやるので、ものすごく忙しかった。

――医学部の講義も？

橘　助手だから自分の名前は出なくて教授の名前で。助手はみんなそうでした。助手って言っても、みんな三十、四十代。

――いわゆる万年助手？

橘　そう。だから他の学部にいくと助手は相手にされないけど、医学部だともう立派な教員。

――そうですよね。それは医学部にいないとわからない感覚ですよね。心理学科と違って、医学部の助手になるのはものすごく大変なことなんですよね。

橘　私が放送大学にいくときには「専任講師から何で教授に？」って言われました。放送大学にも医者が何人かいて「医学部の人事で講師までいくのは、普通の助教授よりできる人なんだ」って言ってもらえたみたいで放送大の教授に通ったみたいです（笑）。

病院臨床のパイオニアの一人として

――先生は病院臨床のパイオニアですよね。

研究会会場で馬場艶子先生（中央）を囲んで

橘　うーん。女性では、馬場禮子先生がそれに近いですよね。馬場先生もずっと医療領域にいらして。

――　モデルがないなか、医療領域で心理としてお仕事を続けられてきて壁にぶつかった時期というのは？

橘　精神科に入ったとき、医学のなかで臨床心理学が生きるのはものすごく大変なことだってことは味わいました。それに男の人って勉強するときは猛烈に勉強するんだなって思いました。それから、臨床心理学って薬もないし刀も持てないし、どうやってやるんだろうかって、それはすごく自分が納得するまで考えました。だけど、私は日常的に臨床があったから、解決がなかなか出ない問題もホールディングができたかなって思います。日常臨床もなくてその問題だけを考えていたら厳しかった。

――　振り返ってみて、病院臨床家として腹が据わったっていうのは何年くらい経ってからのことでしょうか？

橘　「ちょっと頑張ってみるか」って感じになったのは三十歳をはるかに過ぎて、昭和五十（一九七五）年くらいかな。

――　臨床経験十年くらい？

橘　十五年くらいかな。それでもわからないところがいっぱいありましたけどね。私はあんまり野心がなかったんだなって、つくづく思う。ただ、目の前のクライエントさんのいろんな反応とか、感じ方に興味があったということです。格好良く言えば『十二人の怒れる男』を見たときと同じ感覚、「この人は何故こんな行動するんだろう」って思うことが連続したということです。臨床をやっていると、とても不思議に思うクライエントさんに出会うじゃないですか。それが医療からずっと抜けなかったことと関係しているのかも知れない。それから、良い関係ができて医療のなかで仕事がしやすくなったっていうこともあります。昭和五十（一九七五）年くらいからは精神鑑定なんかをたくさんやるようになって、ようやく学会に出るようになったし、発表するようにもなった。

窓を少し開けるには

――今は高校生が心理カウンセラーになることも視野に入れて心理学科に入学してくるようになりました。そんな人の最大の夢はスクールカウンセラーだと思うのですけど、実際には、働いている心理カウンセラーが多い領域は未だに医療領域だという現状があります。そんな方たちが「どうしようかな」って悩むときがあると思うのですが、若いときのこういう体験が役に立ったとか、こういうことが良かったとか、何かメッセージをお願いします。

橘　その人のライフ・ヒストリーがあるので、どの程度役に立つかわからないけれど、目の前のことにどれだけ関心と興味を見出せるかっていうことが大切だと思います。隣の芝生じゃなくて、その地域のなかで、その人が生きている空間で、援助を求めている人がいたとしたら、そこの現場のなかで、どういうふうに関心を持ち続けるかっていうことが大きいかな。すごくシンプルだけど、それがまずあって、それに関係する本が今はたくさん出始めているのでそれを読む。今ちょうど私が担当している人で、警察の被害者支援のところに初めて正規の職員で入った人がいて、その方を見ていると私の若いころのことをふっと思い出すんです。その方は「入ったらお茶くみばっかりで」って言うんだけど、私は「臨床心理の人がいて良かったって言われることが絶対にあるから、それまで関心をどこかに持ち続けて、人物観察をちゃんとやりなさい」って言っています。それと仲間ですよね。私は本当に新潟で良い勉強仲間ができた。その仲間といろんな本を読むこともできましたし、ケース・スタディもできた。私よりも十五、六歳は若い人たちなのですけど、本当に良い仲間たち。すごく感謝です。

――病院のなかで理解されたとしても、心理は一人が多いので、他で心理の仲間がいて一緒にやれるっていうのは嬉しいことですよね。

橘　本当に有難い。それは若い方でもできますよ。大学院の研究集会なんかでお仲間ができたら、一緒に他の大学院のほうにも提供すればいいわけだし、読書会をしながら自主ゼミでやればいいわけだし、今はいくらでもそういうチャンスがありますよね。もう一つやって良かったのは、馬場禮子先生を呼んできて十数人で十回とか二十回シリーズで徹底して勉強を教わったことです。ああいう経験は一人だとできない。そこで感覚を磨いたと言うか、それで新潟のレベルが上がったかなって思います。やっぱりスキルアップするっていうことを考えないと。不思議なんだけど、ちょっとフラストレイトされながら勉強していくっていう体験がすごく大事ですよね。満たされたなかでやるんじゃなくて、ちょっとフラストレイトされていて、なんとかしようってみんなで考えるということが一つのモチベートになるような感じがします。だから、若い方たちにはどんどんやってほしい。一対一のスーパービジョンも大事ですけど、スーパーバイザーはそんなにたくさんいない。もしも助言ができるとしたらそのへんでしょうか。ちょっと緊張がある仲間を作っていくには、一人ひとりがある程度大人じゃないとできないかもしれないですけどね。それは津川先生のほうがご存知だと思うのだけれど。

――とんでもないです……。それで、心理カウンセラーになろうと心理学科に入学して、病院かスクール・カウンセラーかで迷っている方々に、職業選択に関しては？

橘　あるほうを選べば良いと思う。どちらを選ぶべきかじゃなくて、いま目の前にきたものをやっていく。だって、わからないですもんね。どっちが良いかなんてやってみないと。こればっかりは二つ同時に選べないわけだから。

――乗ったことのない車が二台並んでいても……。

橘　だって両方は一度に運転できないでしょ。だから先にきた車に乗って、まず勉強する。それをやればいろんなところに派生して、そこから学べることはいっぱいあります。そこで上手く作ったネットワークは次の場所にいったとしてもすごく有効になると思う。私は今は大学にきましたけど、精神科で一緒だった医師たちが今はみんな院長になっているから、県内のほとんどの院長と顔見知りなんですよ。だから学生実習をお願いしやすいんです。

――現役の臨床家としてこれからやりたいことや関心を持たれていることは何でしょう？

橘　七十にもなってくると少しずつエネルギーを持てなくなってくるので、きた仕事に関してはやりますけど、それよりも今はすごく教育に興味がありますね。

――後進の指導ということでしょうか。

橘　どうやって伝達していくかっていうこと。だから若い仲間を大事にしたい。地域にいるとそれができるかなって思っている。

――現在は新潟青陵大学にいらっしゃる？

橘　この四月に大学院開設で、一種指定を受ける予定です。立ち上げですね。放送大学でもそうでした。何にも知らない事務官の人たちとやるのだけど、それも面白いんですよ。

――なぜ面接室が必要か、とかを説明していかないといけないですよね。

橘　なぜおもちゃが必要なのかとか、なんで安全にしなきゃならないかとか、ね。

――最後に、先生がこれまでに影響を受けた本を一冊だけ教えてください。

橘　うーん、難しいけど、個人的にはアリエティの『精神分裂病の心理』[21]が非常に面白かった。だけど、精神科医と臨床心理の仲間と一緒にやる読書会をずっとやっていて、一番そこで盛り上がったのは河合隼雄先生の『ユング心理学入門』[22]でした。あれの第一版が出たとき、精神科医と臨床の仲間で読んだんですけどすごく盛り上がった。

――あれは良い本ですよね。私も授業で使っています。

橘　あれは河合先生の本のなかで一番良い本だと思っています。最初に精神科で、臨床心理の先生をお呼びしたのが佐治先生だったんです。その次に精神科で臨床心理をぜひということで、あの本を契機にして河合先生をお招きしたんです。

――精神科の医局ですから、基本的にはバイオロジスト

河合隼雄先生（フルート：左端）と臨床の仲間による音楽会（1995年 2月、新潟にて）

集団ですよね？
橘　でも、あの本はすごく面白いって本当に盛り上がりました。
――当時、あの類のものはなかった？
橘　臨床心理学から日本人論、ユングの考え方まで網羅されていて。ユング自身が精神科医でもあったから、やっぱり精神科医で臨床していると、人前であいうことは言わないけれど、病についての奥深い体験があるじゃない。
――精神科医にとって精神病圏は日常ですからね。
橘　エキサイティングな本でしたね。

―― 今日は本当に勉強になりました。自分が病院臨床なので何とも言えない気持ちです。自分の先達がどういうかたちでお仕事をされてきたのかっていうことに若いころから関心があったんです。多くの先生方は現役を続けておられるので、病院臨床心理学の小史って意外にないんです。特に、どうやってこの日本のなかで女性が心理職で生き残ってきたのかを知りたいと思っています。

橘 この本を通じてでも、残るといいですね。

―― 先生が大学院生のための研修会の講師をたくさん引き受けられている意味が少し伝わってきました。

橘 そういう意味があるんです。特に、今はアセスメントが弱いでしょ。でも、それがないとサイコセラピーをやれない。でもね、きっと佐治先生や田頭先生や西村先生たちが私たちの未来の窓を少し開けてくれたのと同じように、そういう世界がちょっとありそうよって。

注

1　**新潟大学**
一九四九年に旧制新潟医科大学、新潟高等学校を母体とし県内の諸学校を包括するかたちで創設。心理学研究については戦前の比較心理学者黒田亮（新潟高等学校）を祖とする。

2　**IFELとロジャーズ**
戦後IFELを通じてアメリカ心理学が広く教育関係者に知られた。その流れでロジャーズの存在を知った人は多い。

3　**友田不二男**
本巻I章の注を参照。

4　**『十二人の怒れる男』**
一九五七年製作　アメリカ映画　監督：シドニー・ルメット　原作／脚本：レジナルド・ローズ　出演：ヘンリー・フォンダ他

5　**佐藤紀子**
精神分析家、古沢平作の弟子。慶應義塾大学で学び、後に精神分析で開業をした。文教大学教授でもあった。

6　**丸井澄子**
精神分析を医学の世界にはじめて紹介した丸井清泰の長女。東北大学の初期の女子学生。

7　**黒田正典**
新潟大学、東北大学の教授を歴任。福来友吉研究所所長。一九六九年に『心理学研究法』を刊行した。

8　**お茶の水女子大学**
一八七五年に東京女子師範学校として湯島で開校、一九三二年に現在地（大塚）へ移転し、一九四九年にお茶の水女子大学となった。家政学部児童学科は一九四七年ごろに設立された。

9　**松村康平**
一九五二年、学習院大学よりお茶の水女子大学助教授に着任。心理劇研究。

10　**津守　真**
「津守式」の発達検査で知られるが、この検査はお茶の水女子大学付属幼稚園で調査されたものである。

11　**浅見千鶴子**
一九五八年、東京教育大学よりお茶の水女子大学助教授に着任。学習心理学、比較心理学。

12　**片口安史**（一九二七－一九九五）
日本におけるロールシャッハテスト研究の第一人者。東京ロールシャッハ研究会を中心として原著の翻訳などを行う。日本式スコアリング「片口式」を考案した。

13　**三木アヤ**
ユング派分析家。河合隼雄の弟子。

14　**小川信男**
精神科医。自己愛研究の翻訳などを手がけた。

15　**田頭寿子**
臨床心理士。国立精神衛生研究所で現在も研究を行っている。片口式ロールシャッハ発展の初期の段階から研究を手伝っていたとみられる。

16　**新潟県立療養所悠久荘**
新潟県長岡市にある精神病院。悠久山という長岡市の山の名前をとって名付けられた。

17　『**赤胴鈴之助**』
武内つなよし作。昭和四十年代に日本で流行した剣道をテーマとした漫画。アニメもテレビ放映された。

18　**精神分裂病**
ドイツ語の Schizophrenie の訳語として、「精神分裂病」という病名があてられていたが、近年では「統合失調症」という訳語があてられている。

19　**高良富子**（**和田とみ**）（**一八九六－一九九三**）
心理学者、政治家。高良正久（森田療法家）の妻。未婚の女性が男子を教えるのは好ましくないという理由で、一九二七年に九州帝国大学より日本女子大学へ転勤した。

20　***Journal of clinical psychology***
一九四五年からアメリカ合衆国にて刊行された。この領域の雑誌としては早い時期のものと考えられる。

21　『**精神分裂病の心理**』
シルバーノ・アリエティ著、加藤正明／河村高信／小坂英世訳（一九五八）牧書店（笠原嘉、殿村忠彦監訳で同書の改訂版『精神分裂病の解釈Ⅰ・Ⅱ』がみすず書房より一九九五年に刊行されている）

22　『**ユング心理学入門**』
河合隼雄著（一九六七）培風館

Ⅳ　藤岡淳子インタビュー

実務ありき

interview with Fujioka Junko

藤岡淳子プロフィール

1955　東京都生まれ
1979　上智大学卒業
1981　上智大学大学院博士前期課程修了
現在　大阪大学大学院教授
著書　『非行少年の加害と被害――非行心理臨床の現場から』誠信書房　2001年
『包括システムによるロールシャッハ臨床――エクスナーの実践的応用』誠信書房　2004年
『性暴力の理解と治療教育』誠信書房　2006年

interview notes

メールでのやり取りはあっても、お会いするのは数年ぶりである。一時、体のご不調があったのを存じ上げていたので大阪へ向かう新幹線のなかで心配する。二〇〇六年九月十六日午前九時三十分に、大阪大学吹田キャンパス人間科学研究科本館四四一室（藤岡先生の執務室）でお会いする約束になっていた。頭蓋骨の見本が廊下に置かれており、伝統ある大学の趣がある。迎えてくださった藤岡先生は、相変わらず仕草からしてカッコ良い。

カチッとしたことをやりたくて

――性暴力を始めとするご専門のお話を伺う前に、どのようにして心理学や心理カウンセリングに出会われたかを教えていただけますか。

藤岡　大学に入ったころですね。

――上智大学[1]でいらっしゃいましたよね？

藤岡　そのころは上智大に心理学科はなくて、教育学科の心理学専攻に入学しました。そうしたら二年生ぐらいのときに心理学科になったんです。だから卒業は心理学科です。でも、教育学科でも教育専攻と心理専攻は完全にわかれていましたので、心理学科は霜山徳爾《しもやまとくじ》[2]先生を大将としていました。当時から臨床はとても強かった。と言うかほとんどが臨床でした。

――藤岡先生は社会心理学を学ばれたと記憶していたのですが、それは私の勘違いでしょうか。

藤岡　いえ、そうです。学部のときは霜山先生、精神科医の小木貞孝《おぎさだたか》[3]先生、西川泰夫先生という認知の先生、カウンセリングでクライエント中心療法の小林純一先生、それから学習理論の平井久先生の五人の先生がいらっしゃったんです。だから、臨床の先生が三人いたことになります。

――藤岡先生は臨床に関心を持たれて入学された？

藤岡　私は心理学に関心があって心理学科に入ったんです。でも、社会心理学の専門の先生がいらっしゃらなかったので西川先生のところで認知心理学をやっていました。認知心理学のカチッとした論理を組み立てていったり、そして主観的なものではなくデータをもとにするっていう感じがやっぱり好きだったんだと思いますね。臨床はなんとなく胡散臭いって思ってました（笑）。もともと社会心理に関心があって、私は社会心理の本なんかを読んでいました。偏見の心理学とか、同調の心理学とかです。それで大学院入学時に、東大から非常勤で社会心理学の先生がいらしていたので、その先生について対人援助行動をやりました。個人と社会との関係に最初から関心があったんです。データを重視する手法を学びたいと思っていました。

上智大学一号館

—— 今のお仕事もそうですけど、社会に関心があったんですね。修士課程に進学されるころは、どういうお仕事をしようとイメージされていたんでしょうか。

藤岡　上智大はどうしても臨床が強いですし、それになんと言っても霜山先生や小木先生の影響は大きい。私も臨床のゼミや授業はとっていたので、臨床の本をたくさん読んではいました。修士に入ったときは、「大学に残って研究者になろうかな」と思っていた。ただ、非常にふらふらしていて、卒論も修論も本当にいい加減で追い詰められて書いたみたいなものでした。それで、大学にいるだけだと結局は自分のやりたいことができない、自分がわかってないところがたくさんあるんじゃないかなって思って。それで社会に出て仕事をちゃんとしたほうがいいなと思ったんです。

—— ずっと大学だけにいたくなかった。

藤岡　そのころ、霜山先生はゼミ生全員に「公務員試験[4]を受けろ」って言っていたんです。冗談半分で言っていたのかもしれませんが、それでかなりのゼミ生が受けた。受験は無料ですし、私も受けたら受かっちゃった。それで「公務員もいいかなあ」と思って。そのころの民間企業は、今よりもっと男女の条件差が大きかったんだけど、公務員は一応は平等でしたし、「民間企業に入って知らないうちに戦争の片棒を担がされたりしたら嫌だなあ」とも思って。公務員なら人の役に立つとまではいかなくても、そこまで悪いことをしているわけではないから「ま、いっかな、一生続けられてお金も稼げるし」みたいな感じで、法務省にいくことにしました。

オン・ザ・ジョブ・トレーニング

―― 公務員といってもいろいろですが？

藤岡　国家公務員の上級職で心理の専門職です。中級は行政一般になります。心理の仕事は上級職だけだから、霜山先生は上級職を受けなさいって言っていました。今は国家一種になっていますが、当時は国家上級でした。

―― それで修了と同時に国家公務員になられた。そこで最初はどんなことを？

藤岡　当時は、入って一年間は研修でした。同期生の心理は私を入れて五人で、私以外の四人は男性でした。最初の半年間は鑑別所、少年院、刑務所と各施設を転々としてました。そのあとの半年は、研修所に入って六カ月間の研修を受け、その後、各地に配属されていくというかたちですね。

―― 最初の配属先は？

藤岡　東京少年鑑別所[5]です。

―― それは希望で？

藤岡　希望です。

―― どんなお仕事を最初にされたのでしょうか？

藤岡　鑑別所の鑑別技官として入職して、非行少年が入ってきますので面接をしてテストをして、鑑別結果通知書という報告書を家庭裁判所の裁判官に提出します。通知書は、なぜこういう非行をしたのかとか、どうすれば更生に役に立つのかという問題点と処遇指針・処遇意見が書かれたものです。平均すると一人について三週間で一通書きます。それを週五、六通書いていました。

―― 面接の技法も必要で、心理検査の技法も必要だし、公務員として文章を書き上げる能力も必要なんですね。そうすると、修了したばかりの二十代がやるにはとても難しいお仕事のように思えるんですけれど、心理学科の学部時代や修士時代に培われたことが役立ったのでしょうか。

藤岡　そんなに役立ちませんでした。やっぱり、オン・ザ・ジョブ・トレーニングのほうが大きいですね。

―― 実務のなかで培う。

藤岡　スーパーバイザーが二年間はつきますから。最初にその方の面接を見せてもらって、それで自分の面接も陪席して見てもらう。書いたもの、見立てとか文章なんかも全部チェックしてもらって、直される。本も読まさせられる。大学にいたころよりずっと勉強したと思います。

―― スーパーバイザーは、特定の方が二年間つくんでしょうか。

藤岡　人によって違いますけれど、私には二年間で三人つきました。二年目の一年間は今村洋子先生がスーパーバイザーでした。そのときの刷り込みがあるわけです。全部を見てもらうので、いい加減だとまったく通らないんです。

——制度がすごく整っているんですね。

藤岡　他と比べるとそうなんだと思いますね。それで、仕事を始めてからロールシャッハに関心があったので、秋谷たつ子先生のところにロールシャッハを学びにいったんです。鑑別所には上芝功博先生が研修講師として定期的にきてくださっていたんですが、研修日がとれるので秋谷先生の研究会にいかせてもらっていました。そのあとは、東京少年鑑別所に三年、それから八王子少年鑑別所に一年いました。一人前に書けるようになるまでがすごく大変でした。八王子で四年ぐらい鑑別結果を書いてアセスメントだけやっていたんだけど、これ以上はちょっと伸びないかなって感じになって、処遇の現場にいきたいと思い少年院を希望しました。

——どちらに赴任されたのでしょうか。

藤岡　榛名女子学園[6]という、群馬にある女子の少年院[7]にいきました。そこでは心理にあんまり関係のない体育レクリエーション係長というのをやって、子どもたちの体育の行事なんかの企画運営をやっていました。ハンドボールを教えたり、英語を教えたり、いろんなことをやりました。言ってみれば生活指導の教官ですね。ここでは技官のポストはなくて教官でした。三人ぐらいでしたけど、個別担任を持って面接はしていました。それと、お粗末なんですがグループの指導もやっていましたし、寮の副主任だったので寮の運営なんかもやっていました。そういうふうに面接室だけではない仕事をしていました。

榛名女子学園（1987年当時）

——そのころには一人前って感じになったのでしょうか。

藤岡　係長ですから、むしろ指導しなくてはいけない立場ですね。

——困られたりしたことは？

藤岡　少年院は鑑別所とはまったく違うリズムで動いていますから、大変でした。東京から地方に出たのは初めてだったんです。生活環境も違うし周りの人の考え方も違うし、心理屋は一人もいない世界でした。周囲はだいたい教育の人で、ものの見方も性格も全然違った。第一、子どもたちが鑑別所の面接室のなかで見る子どもとは全く違いました。二十四時間、生活していて寮勤務をして、バタバタ暴れまわっているところで一緒にいるわけですから、関わり方が違った。だから、榛名にいったときには「どうしようかな」って思いました。鑑別所にいるときは、子どもの話を聞いて通知書を書いて、子どものためになっているという気持ちはあったんですけど、少年院にいくと閉じ込めて教育してるわけです。「これで本当にいいのかな」って、少年院のあり方とか矯正教育のあり方にも結構疑問を感じた。かと言って、そういった疑問の解決の糸口を見つけてくれるような人も周りにはいなかったので、ちょっと時間をかせごうかなと思って、法務省とアメリカの南イリノイ大学が提携していたので、留学制度を使ってアメリカにいきました。

アメリカでマクロの視点を学ぶ

――それは希望すれば誰でもいけるんでしょうか。

藤岡　もちろん、部内で試験を受けるんです。

――修士としていかれたんですね。

藤岡　修士課程です。大学では社会学の一分野である司法行政学というところに入りました。そこは警察とか刑務所とか少年院といった司法に関わる行政を研究するところです。だからアメリカ人だったら、警察官とか刑務所の職員とか保護観察官とか、そういう司法関係の人がキャリアアップするために入ってきて修士を取るところです。そこに一年半いて、帰ってきて、修士論文を出して修士を取りました。私は専攻が心理学だったので、ミクロな視点、個人を見る視点で訓練を受けてきたんだけど、そこは社会学ですから大きく社会をシステムとして捉えて、どう動いているのか、どう動かせばいいのかというマクロな視点を学びました。

犯罪行動の理論を大きくわけると、心理学的な理論と社会学的な理論にわけられるんですが、当初は社会学的な理論というのは本当にザルだな、雑だなっていう気がしてた。でもアメリカで勉強をしているうちに、個人を測るには目の細かい尺度が必要だけれど、大きな家族とか社会とか国家とかを測るには、たとえ目が粗くても大きな尺度が必要なんだなと感じるようになったんです。ミクロとマクロの両方、個人とシステムの両方を考えていくのが必要なんだと痛感しました。

――帰国後はどんなお仕事をなさったんでしょうか。

藤岡　一年間は東京少年鑑別所にいました。もうベテランですので、そのころからいわゆる重大事件を扱うようになって、女子高校生コンクリート詰め殺人事件[8]なんかを担当したのが印象に残ってますね。そのころから被害者と加害者に関することに関心が向いたんだと思います。鑑別所とか少年院にいたときは子どものことだけを見ていて、あの子どものために良かれみたいな考え方をしていましたけれど、社会を見るっていうことをアメリカで学んで帰国して、事件の被害者の写真とかを見ると、加害者の側からだけでものを見ていては、見えないものがあるんだと思うようになりました。たとえばその当時、被害者のご家族が引っ越されたというような被害者の遺族に関する報道とかもあって、被害者や被害者の遺族はどうされてるんだろうと思っても、こっちには知る術がない。そういう関心をそのころに持ち始めました。

刑務所へ

藤岡　東京少年鑑別所に一年いたあと、栃木の刑務所[9]に転勤しました。大人の女性の刑務所です。そこで分類課長をやりました。三十一歳くらいのころです。もう完全に管理職でした。そこでは受刑者に面接をして処遇指針を立てて、何かトラブルがあれば面接をしたりと、心理に近い仕事をしていました。当時は薬物に関心があったので、覚醒剤を使っている状態で放火をした人と面接したりもしました。それから、窃盗を止めたいっていう受刑者とか、殺人しちゃった女の人と定期的に面接をして長く関わるっていうこともそこでやり始めました。女子の少年院でも面接はしてましたけれど、生活指導もありますから面接室のなかだけの付き合いではなく、先生や家族に近いような感じになってきますよね。栃木では本当に面接室のなかだけで定期的に面接を重ねるというかたちでした。

　あと、職員がほとんど女性だったんです。少年院とか少年鑑別所、刑務所なんてのはよそから見れば同じに見えるでしょうけど、なかで働くとけっこう違うところがあるんです。まず組織の大きさが違う。東京少年鑑別所は鑑別所としては一番大きいところですけど、収容はせいぜい二百人くらいです。少年院も当時は百二十人ぐらいでした。それが刑務所だと、栃木でも四百人ぐらいいますから、職員室の雰囲気もすごく違っていました。心理屋の世界になればみんな大卒か修士ですよね。だけど、そのころの刑務所の刑務官は多くが高卒でした。最近は大卒も増えてますが。ですから十八歳の少女が高校を出てすぐに刑務官の任務を拝命して、四、五十歳の累犯（犯罪を繰り返すこと）のおばちゃん相手に奮闘しているような世界ですね。しかも、ほぼ全員が女。ぱらぱらと課長が男なだけです。二十歳から七十歳ぐらいまでの女囚がいっぱいいて、職員の女性も十八歳から定年間際の所長までの各年代の女性がいるんです。それが街から離れた、周りは田んぼばっかりのすごい僻地に隔離されて暮らしている。でも、女性の受刑者の処遇に関してはベテランの人がたくさんいるところだったので、所長や部長たち、あるいは他の課長から学ぶことがたくさんありました。心理としてではなく、教育とか法律の視点とか別の視点がすごくたくさん入ったと思います。少年院は教育中心ですからまだ心理と近いですけど、刑務所は保安中心ですから、全く違うリズムで動いている人たちがたくさんいて、それに対して心理の位置っていうのは何なのかとか考えました。彼らの言っていることの正当性と不十分さ、私たちの視点の正当性と不十分さみたいなのを話し合ったりぶつかったりしながら考える機会っていうのは常にたくさんありましたね。非常に面白い職場でした。

本省で男の世界を知る

藤岡　その後、「このまま現場にいてもなあ」と思って本省勤務を希望しました。今までも「希望して異動した」という言い方をしてきましたが、希望しても通るとはもちろん限らない。私は法務省[10]に入ったころから「十年は勤めてみようかな」と、自分のキャリア・プランみたいなのを考えていました。少年鑑別所、少年院、刑務所とやってきて、現場からちょっと離れて大きくものを考えてみたいと思って本省を希望したんです。配属先は法務省矯正局の総務課の調査係で、係長になりました。要するになんでも調整するところなんですけど、仕事の一つは広報でした。心理も教育も関係ない行政屋です。そのころ、日本の刑務所は世界的にみて事故が少なく良いって言われていました。

法務省庁舎

まだ「ジャパン・アズ・ナンバーワン」のころですね。アメリカではすごい暴動なんかが起きているのに、日本は安定しているのはどうしてだっていうんで、世界各地からいろんな人が見学にきたりしたんですけれども、通訳としてそういう方々をいろんな施設にご案内したりしました。渉外と言うか、接遇とでも言うんでしょうか。テレビや新聞の取材もすごくたくさん受けましたね。でも、調査係は別に実権をもっているわけではないので、たとえば刑務所を担当している係につないだりする調整役でした。本当に自分のところに力がなくて、あちこちにいって頭を下げて調整するとか、いろんな資料や月報とかがあるので、各課からデータをもらって広報のための冊子にするとかいう仕事です。でもそのときに、矯正に関するいろいろなデータを見ることができたし、外部者がどんなことに関心を持つのかとか、それに対してどうやって答えるのかといったことを勉強しました。それから「調整」っていうのがすごく日本の社会では大事なんだということ、心理や教育とはまた違った行政官としての動き方とかを感じましたね。

——「根回し」みたいな感じでしょうか？

藤岡　完全に根回しです。

——法務省の場所というのは、どちらに？

藤岡　霞ヶ関一丁目一番地一号にあります。

——すごーい！　そのなかで働かれていたんですね？

藤岡　一八九五年竣工の建物でした。日本が法治国家であるっていうことを示して不平等条約を改正させるために、まず最初に霞ヶ関に法務省ができたんですよ。横浜港から日本に入国して皇居に外国人を案内したときに、皇居のまん前にちゃんと法務省があると、日本は法治国家であるっていう証明になりますでしょ。そこの十四階で皇居を見下ろすという不敬な位置でみんな仕事してました（笑）。現場で受刑者や職員とぶつかっているのとは全くの別世界で、法務省は検事さんの世界です。他の省は国家公務員上級職の人たちが局長になってますけど、法務省局長は「当分の間、検事をもってあてる」っていう法務省組織規定があるからみんな検事さんなんです。そこは完全に男の世界です。国会質問が終わる夜の十時ごろまで待機しながら酒盛りをしていて、課長が帰るまでは帰れなくて、上司がどんが好きなのかそばが好きかなのかをちゃんとキャッチして、それに合わせて動けるのが優秀な公務員であるっていう世界。すごく面白かったですね。

――当時、心理で女性は先生お一人だった？

藤岡　心理では私一人、教育でもう一人ぐらい。キャリアで女性は三人ぐらいだったと思います。庶務には事務官の女性は何人かいましたけど、そもそもほとんど法律屋さんの世界ですから、心理屋は局にはそんなにいません。そこで広報と接遇の仕事を二年やって、やっぱり現場のほうがいいなとすごく強く思い始めた。

エクスナーを日本に呼ぶ

――エクスナー先生が初めて来日したのは一九九二年ですが、藤岡先生はその前に勉強されていた。

藤岡　先生の来日のちょっと前からです。上智大でのつながりで、中村紀子さんと知古の間柄だったんですが、アメリカにいって社会学を勉強して帰国したときに中村さんと「これからは自分たちの世代が教えて切り開いていくんだ」という話をしていたんです。血気盛んと言うか、怖いもの知らずと言うか、三十歳そこそこのときにそんな話をしていた。それで帰国後、東京少年鑑別所にいるころに中村さんや佐藤豊さんたちと一緒に研究会を始めました。私はその後、栃木へいったけど、毎週、勉強のために東京には戻ってきたりしていました。それで栃木で包括システムでとり始めたんです。

――それじゃあ、アメリカのアッシュビルズのワーク・ショップにいって勉強なされたのは、法務省のお仕事ではなくてプライベートでいかれた？

藤岡　そうです。

――ロールシャッハにずっと関心をお持ちだった？

藤岡　少年院に赴任したとき、ロールシャッハをとらなくなってしまったんです。そのころは片口クロッパー法に行き詰まりを感じていて、「面接室のなかでちまちまテストをとってもしょうがないなあ」という気持ちが強かった。そのころ、中村さんと電話で話しているときに「エクスナーはすごいよ」っていう話になった。私も当時は年に一回くらいはアメリカにいっていて、修士論文を出しにいったり、犯罪社会学会で学会発表をしたりしていたんです。だからアッシュビルズにいったのもついでだったんです。「いってみようか」って佐藤さんと中村さんと三人でいってみたらエクスナーがすごかったんですよ。それで「エクスナー本人を呼んじゃおうか」っていう話になったんです。

―― それで日本でのワーク・ショップが実現した。

藤岡　局にいたからこそ、そういうことへの渇きもあった。だから、最初にロールシャッハの本を出したのは法務省にいるときです。

グループ・ワークを通して知ったこと

藤岡　局のあと、川越少年刑務所[11]という男性の刑務所に、そのころはもう課長制がなくなっていたので教育統括[12]として移りました。教育の仕事は制服を着て監督当直をするので、女性で男性の刑務所の教育統括になるというのは非常に珍しかった。ただ、分類審議室という心理屋がたくさんいるところがあって、そこは心理の専門職が私服で勤務をしていました。男性の刑務所は、栃木の女性の刑務所とはまた違った味がありましたね。同じ刑務所でも大義名分とかが違う感じがしました。やっぱり女だけの世界と男だけの世界では違う。

―― 教育統括というのは？

藤岡　受刑者たちの教科教育をする課です。「少年」が頭に付いていますけど、実際は二十歳から二十六歳ぐらいの受刑者がいる青年刑務所なんです。彼らに大検や英検、職業訓練の学科教育をするんですが、私は統括ですから全部を直接やるわけではなくて所管する役目でした。教科教育に加えて、私がそこで始めたのがグループ・ワークです。これは前からシステムとしてはあって、かなり早い時期、昭和五十六（一九八一）年くらいから日本の行刑施設ではグループを取り入れていました。戦後にアセスメントとかグループといったことを最初に取り入れたのは矯正の心理の人たちでした。翻訳を出していたのもその人たちです。やっぱり安定した身分の公務員だったからですかね。でも、そんなに盛んになることもなく「あれは役に立たない」とか言われたりして浮き沈みしながら、昭和五十年代の後半になって刑務所で処遇類型別指導っていうものが行われるようになりました。受刑者を薬物犯とか交通事犯というグループにわけてそれに適した教育をしようっていうシステムで、「薬物はこういう害があるから、怖いから、止めましょう」といった講義中心の処遇教育でした。そこで、教育統括の所管にグループの責任がおまけでついてきたのでやることになりました。

――実際にはどんなことを？

藤岡　川越少刑刑務所は分類センターと言って、全国に受刑者をわけるために心理の職員や教育の教官もたくさんいたんです。他の刑務所はそのどっちもいなくてみんな保安中心です。川越少年刑務所は教育への伝統があるところで、刑務所のなかでは一番と言っていいくらいにスタッフも揃っていて、おまけに受刑者も若かった。川越少年刑務所と奈良少年刑務所の二つが東西の雄と言われています。覚醒剤とシンナー、性犯罪、それから軽度知的障害など全部で五～六類のグループがありました。一グループは八人くらいの小規模グループで、そこに週一回で職員が二人入って、三カ月で十二セッションとか、六カ月で二十四セッションというふうにやってました。アメリカの大学院では司法行政がメインだったんですが、関心があったのでグループの授業や心理学の授業はとってたので基本があったんです。あと、女子の少年院でも割と無手勝流にやっていましたから。

――若い男性の加害者のグループで先生が女性っていうのは日本では珍しかったのではないでしょうか？

藤岡　今はそんなことはないですけど、当時は珍しかったですね。ただ、そこは心理担当の女性がたくさんいたんです。今村先生も以前はそこの心理室長でした。でも、性犯罪のグループに入ろうとしたら「女がいると話しにくい」と言われたり、グループそのものよりも職員との関わりが難しかったですね。私は統括だけど、部下はみんな男性で自分より年上でキャリアも私より上ですし、向こうは川越で拝命してずっとそこにいる人たちでしたから。川越はすごく大変だったんですけど、そこには一番長くて三年もいました。転勤したかったんですけどできなかったんです。それからグループをやって性犯罪者を知るようになって、それから加害者が被害者のことを知る教育みたいなのを立ち上げたのも川越にいたときで、今やっていることの大元はそこにあると思います。小西聖子[13]先生らとトラウマの研究会を始めたのも、山上皓[14]先生にイギリスに被害者支援の視察に連れていってもらったのも、被害者のグループに出るようになったのもそのころです。

――それまで気になられていたのに、なかなか先生の目の前に現れなかった人たちと、いよいよ接したり、学ばれるようになったのが川越なんですね。

藤岡　そのことをずっと考え続けていて、宇都宮にいるときに『非行少年の加害と被害』[15]を出版しました。アメリカから帰ってきたときに、このあとどうしようかなって思っていて、川越にいるときもどうしようかなって思っていた。ぽつぽつ大学の先生にならないかという話はあった。でも、このままいって管理職で所長もいいかなとも思ってました。

――法務省にはどれくらいの間いらしたのでしょうか？

藤岡　二十一年間ですね。川越のあとは府中刑務所にいきました。そこでは分類の首席でした。

――首席っていうのは、一番偉いんでしょうか？

藤岡　首席の上に部長がいて、その上に所長がいます。府中刑務所は日本一大きい刑務所ですので、組織も一番大きい。所長、部長、首席、その下に統括がいて、六部あります。二千人ほど収容して職員も五百人いる。その後、宇都宮の少年鑑別所にいって、それから多摩少年院の教育調査官をしました。それが法務省での最後の仕事です。

――府中以降は、どんなお仕事を？

藤岡　管理職になってしまったので、部下の監督やお金を動かしたり人を動かしたり（笑）。でも、最後の勤務地の多摩では現場に近いような仕事ができました。教育調査官っていうのは院長直属で特命を受けて仕事ができるスタッフのポストなんです。当時は男子の少年院に心理の技官がいくのが珍しかった。そこでグループのプログラムを作ってほしいっていう上の意向があって、それで引っ張ってもらったんだと思います。たぶんその前の多摩少年院の研究授業でグループのやり方を批判した生意気さが受けたんだと思います。私は言いたい放題を言うんで（笑）。それで院長の直属での仕事が二つあって、一つは参観者の相手とか取材に対応する広報の仕事で、もう一つは入ってきた少年全員に個別面接をする仕事です。そのなかで性犯罪少年の個別面接を長期間やるようになりました。

――グループではなくて？

藤岡　少年院はグループをやることにものすごい抵抗があるんです。それなので、犯罪の話をしたらどうだってことで、比較的抵抗が少なくてやりやすい薬物のグループから始めました。それは府中でもやってたんですけど、要するにスタートさせるために枠を作って職員を教育してスーパービジョンをするっていう仕事です。多摩でもそれをスタートをさせて手始めに覚醒剤をやったら事故もなく、けっこう職員の評判も少年の評判も良かったんです。それで「じゃあいいですよ」っていう話になって性犯罪のグループも立ち上げました。

―― 企画して、教育して、実行する、すごくクリエイティブなお仕事ですね。

藤岡　すごく面白かったですね。最初は個別で面接をしていて、グループを始めたらその子たちを入れてやってました。でも、多摩には一年しかいなかった。それは、いろいろと不自由を感じ始めたのと、これからも各地を転々とし続けるのもあんまり面白くないし、体力的にも引越しが辛いなと思ってきたからです。それで大学の先生になろうかと思ったんです。大阪大学にしたのは、大阪だったら都会だし、関西は臨床も進んでるし、それに私は関東から出たことがなかったので、大阪に定住するんだったらそれも良いかなと思ってここに応募しました。

―― 大阪大学に赴任されたのはいつでしょうか？

藤岡　二〇〇二年です。

組織の世界から個の世界へ

―― 現在、先生がいらっしゃる人間科学部は心理学科とはまた違うんでしょうか。

藤岡　在籍しているのは大阪大学大学院の人間科学研究科です。この学部は日本で一番早く、昭和四十七（一九七二）年に教育や心理や社会学など人間を扱う学問を統合する分野を作ろうということでできました。

―― 今でこそ、そういった学部があちこちの大学にありますけど、その最初が大阪大学なんですね。

藤岡　人間科学部は、私の大学受験のころにできて三年目くらいでした。ちょっと魅力的だったから、当時は「受けようかなあ」って思ってたぐらいです。

―― 先生の場合、大学だったらいろんな可能性があったと思うんですけど、大阪大学に決められたのは？

藤岡　大阪っていう場所も良かった。それに私はバリバリの臨床心理とかはダメだなっていう気がするんです。ここだったら教育、社会、心理と、一通り全部がそろうし、いろんな先生もいる。自分のやってることにも近い。バリバリ心理でもないし、バリバリ教育でもないし、バリバリ社会でもない。

―― いきなり教授になられたそうですが、国家公務員を二十何年もやられたあとで迷いはなかったのでしょうか。

藤岡　当時はここも文部省でしたから国家公務員の異動です。だから年金はまだ続いています。同じ公務員です。

―― 同じ公務員だから、転勤みたいなものですか。

藤岡　大学の先生と法務省の公務員とでは全然違った約束事で動いていますから、戸惑いは今でもたくさんあります。法務省は組織で動きますが、それは連携してみんなで力を合わせていないと犯罪者の集団に負けるからです。だから、ある意味で縛りはきついんだけど、仲間意識がある古き良き日本みたいな動き方です。ところが、大学は蛸壺で、一人ひとりが研究室に入って全く別のことをしていて他の人のことには無関心で、当たり前ですけど知的なものがすごく重視されますよね。でも犯罪のような分野だと、知的なもの以上に感情的なものとか対人関係の問題といったものが大事になってくる。それからお金の使い方も違いますね。やっぱり研究費をとってばんばんやるのが優秀な研究者ですよね。法務省だと、とにかく清廉潔白みたいな感じで、貧しくても自分でテープ起こしをするみたいな貧乏根性で生きてきている。大学では、たとえばちょっとした仕事をするときに、テープ起こしをぱっと外に頼むとか、タクシーをぱっと使うとか、ぱっとお金を使って人を雇うとか、その辺の感覚はすごく違って、当初はお金の使い方とか人の使い方なんかがむしろ難しかったですね。法務省の人の使い方は、ヒエラルキーがはっきりしてますから、人的にはたくさん部下がいてやってくれるところはやってくれる。大学の先生は一人で部下がいないから、自分でコピーとったり何でもしなくちゃいけないから、そういうところでお金を使って人を雇ったりする。その辺の動きの違いっていうのがようやくわかってきた感じなんですけど、当初はずいぶん違うんだなと思いましたね。

――　なるほど。先生は教授としてのこの四年間も入れて長い社会人経験がおありですが、行き詰まったりしたことはなかったのでしょうか。

藤岡　稼がないと食べていけませんからねえ。まあ、行き詰まったらとりあえずは休むかな。寝るとか。どっか場所を変えてみるとか。

――　でも、切れ目なく働かれていますよね。

藤岡　そりゃそうですね。それが普通なんじゃないですか。

ライダー・スタイルで（1991年）

――先生の場合は転勤が良かったんでしょうか。

藤岡　転勤は楽しかったです、少なくとも若いころは。いろんな違う視点を入れられる、新しい経験を入れられるところに移りたいんです。鑑別所ばかりに転勤しても意味がない。楽しくないし、つまんないですね。だから働いているほうが楽ですよ。留学生だったときはお金をもらって留学して勉強していましたけど、働いているほうが楽しいなあっていう感じはちょっとありましたね。勉強も楽しいし、自分のフィールドでの経験を理論化して考えをまとめていったり、研究を発表するのも大事だとは思うんですが、やっぱり先に勉強とか理論ありきではなくて、自分の実務が先にあると思います。実務のなかで迷ったこととか、どうすればいいんだろう、こんなはずはない、そんなはずはないって思ったときに何か新たなものを勉強してみる。そうすると自分のなかに入ってくるんです。勉強のための勉強とか、ひたすら勉強するのはちょっと私には無理ですね。働いているほうがさまざまな刺激がありますね。

価値観を基本としてほしい

――大阪大学は臨床心理士養成の指定校だそうですが、院生にも教えられるんでしょうか？

藤岡　ロールシャッハを教えています。

――今は指定校が百四十くらいになって、全国で心理カウンセラーを目指す人、あるいは視野に入れている人が毎年約二千人いるという状況です。みんな本当に心理カウンセラーになるのかどうか、やるとしてもどんなフィールドの仕事をしていくかってことをいろいろと迷っていると思います。先生は加害者と被害者の両方の視点で、しかも心理も社会もある学部で教育をなさっていますが、そんな方々へのアドバイスを聞かせていただけますか。

藤岡　今、この大阪大学の大学院は受験がすごく難しいんですよ。だからすごく優秀な人たちが入ってきて、一所懸命に勉強をしていて、すごいなあって思う。これは偏見かも知れませんが、やっぱり臨床、臨床って言ってると実際に臨床できないんじゃないかなっていう気がする。学生のころから臨床心理学を掲げることに抵抗が強くある。自分のことは自分でやるのがいいし、自分のことが自分でできるようにサポートしていければ一番いいと思ってます。それは患者さんにとってもね。

　臨床をやるときに大事だと私が思うのは、技術とか学んだこととかじゃなくて、自分の腰が据わっているかということです。自分の価値観、生き方、そして他人のそれを大事にして一緒に考えていけるかどうかっていうことだと思うんですね。それは学校や勉強で学べるものではない。もし学校で勉強するとしても臨床心理学だけではなくて、発達や教育だとかさまざまな分野の心理学や教育学、社会学、いろんな人間関係に関するものを中心に勉強すればいいと思います。他にも文学とか、映画を見たりとか、そういった土を耕して根っこを張るような学び方が必要だと思う。それ以上に学校以外でも、患者さんから学ぶことと か、自分の体験から学ぶこととか、家族生活とか、さまざまな病気になったり、死に別れをしたりといろんなことがあるわけじゃないですか。そこで自分自身を見つめ直して、他の人への愛をどうやって育むかってことじゃないですかね。すごい抵抗感のある言葉ではありますが。

―― 今の大学院生の場合は、早く心理カウンセリングのケースを持ちたいとか、人より多く担当したいとか、そういう傾向があるように思えます。それも無駄とは言えないけれども、もうちょっと視野を広く、自分の屋台骨作りみたいなことをすべきだということですね。腰の据わった人間になるための土壌作りが本当は活きるんじゃないかと。

藤岡 それと、臨床の仕事は面接室のなかの仕事だけではないということです。仕事をしていくうえでも、たとえば同じ病院なり同じ組織の人たちとの連携とか調整とかが必要になります。私の分野で言えば、教育だとか保安だとか法律だとか、さまざまな異なる考え方・価値観を持った人たちの考えを理解し、それと摺り合わせ、自分のものを伝え、システムとして患者さんをサポートできる体制をとっていけるかっていうことです。ケースワークって言ってしまえばそうなのかもしれませんが、そういう動きができるようになるには学校とはまた違ったところでの学びが必要なんじゃないでしょうか。

―― 先生の一番のモデルと言うか、影響を受けた人はどなたでしょうか?

藤岡 最初のキャリアでは、今村先生ですね。

―― その他にはいらっしゃいますか?

藤岡 やっぱり学生時代っていうのはけっこう大きい。臨床で卒論や修論を書いたわけじゃないんですけど、臨床の基盤はやっぱり霜山先生だと思います。あるいは上智大のキリスト教的な精神でしょうか。

それから学生時代に学校とは関係なく、アランさんていう日系アメリカ人と友達何人かで英語を学ぶグループを持っていたんです。アランさんは歴史専攻で、カリフォ

上智大学構内にある聖堂、
クルトゥルハイム

ルニア大学のドクターを出られてから東大に留学にきていた方で、日系移民の歴史をやっておられた。アランさんのパートナーは国際基督教大学で女性史をしておられました。そのアランさんから英語を学ぶことを通じて民主主義のことや、フェミニズムやマイノリティの権利とか、アメリカ的な、言葉できちんと自分の考えを表現して意見を交換するといったことを勉強しました。だから、霜山先生とアランさんの二つが基本になっているような気がしますね。上智大の雰囲気のなかで、個人の自由とか権利とか、言葉を交わして調整していくことの大切さや、現世の個人を超えた何か、命とか宗教的なもののことを学んだような気がします。そういう価値観みたいなものが、私のなかで一番基本にあるような気がしますね。

――なるほど。技法的なことについては大学で学んだことは役に立たなかったかもしれないけど、振り返ってみると土壌みたいなものを大学が作ってくれた。

藤岡　精神はそうです。すごく大きいと思います。

――大学の影響はあるんですね。

藤岡　逆に、変にスキルを学ばなかったから良かったなという気がしています。

――特定の学派とかが重要なんじゃなくて、むしろ、雰囲気から醸し出される価値観が重要？

藤岡　重要なのは自分の価値観です。今の学生を見ていると、あまりにも早くいろんな技法とか、ポイントを稼ぐとかいったことに目がいってしまっている。人間が小さくなるんじゃないかっていう気がすごくしています。

――「勉強ばかりではない」というお話を聞いて、そのあとにこういう質問はどうかと思うんですけど、影響を受けた本を一冊だけ挙げていただきたいんですが。

藤岡　直接の影響じゃないけど、フランクルの『夜と霧』[16]です。霜山先生の翻訳ですね。

――学部生のころによく読まれていた？

藤岡　ゼミでいっぱい読まされた。でも、『夜と霧』は課題図書ではなかったかもしれませんが、どうしてですかね。その本だけじゃなくてその当時、小木先生の『無期囚と死刑囚』[17]のように、極限の状況におかれた人間がそこから生き延びるためのストラグルみたいなことに興味があったのかな。

――フランクルは極限の被害者ですよね。そういう意味ではそのころから両方の興味があったんですね。

藤岡　そう言われてみるとそうですね。ナチスっていうのは加害者の極限ですよね。被害とか加害とかってくっきりとわけるんじゃなくて、暴力が人間の尊厳なんかを思いっきり潰していくっていうことと、それに負けずに生き返るっていう、その人間の強さとかそういうものなのかもしれませんね。

デカバーガーにびっくり！（2005年）

――暴力でくくれば、加害と被害の二つにわかれるわけではない。

藤岡　だから、学生時代は基本ができたところなんだなって思いますね。勉強はあんまりしないで、本ばかり読んだり、うだうだしていた六年間でしたけれどね。それともう一つは、私がへそ曲がりで、「そんなことはできないよ」とか言われるとやりたくなるっていうのも影響していますね（笑）。

目指すもの

――先生のこれからの目標をお聴かせください。

藤岡　心理臨床って呼べるかはわからないんですが、私は非行犯罪臨床をずっとやっていきたいと思っています。まだまだ日本だと行動を変化させるための焦点を絞った組織だったプログラムみたいなのが不十分なんです。今までのは、欧米から学んで少しずつ自分がやってきたことですから。その行動変化のためのプログラムの腕を磨くことと、それを社会のなかで実現していくこと。それは行動変化だけではなくて、これもなかなか微妙なところなんですけど、被害者と加害者のプログラムとか。とにかく心理学の知見を社会のなかでどう実践していくかというところに関心があるし、実践していきたい。

思うに、学生のときに心理学をやろうと思ったのは自分のことを知りたいとか、自分が不安定だから何とかしたいとか、自分を救いたいっていう感じだったからだと思うんです。だけど、私が影響を受けたのは誰か特定の偉い人だけじゃなくて、出会った受刑者だとか非行少年を含めて、一人ひとりから学んだ。そんななかで、自分のことを少しずつ知ることができたし、腰が据わってきた。大学の先生の言っている「何々技法」とかじゃなくて、どう動けばいいのかなんてのは別に習わなくてもなんとなくわかってくるわけです。こういうときはこうすると上手くいくんじゃないかとか、自然に動いていけるわけです。そうすると、個人の狭い範囲だけではなくてシステムとしてもう少し整えるとか、十年後、二十年後に今のみんなが自由で平等に一応暮らしていける民主主義の世の中が続くか、少しでも良くなるような、二十年後に残っているようなシステムを作るための一つの礎《いしずえ》になるような仕事をしたいなと思っています。

――先生は個人にだけ関心があるんじゃないというふうには、初めてお会いしたときから思っていたんですが、やはり当初からそうなんですね。それで、加害者から被害者をやって少し矛盾しないかと言われると思うんですが、先生のなかではぜんぜん矛盾しない？

藤岡　私のなかでは矛盾していませんけど、たくさんの矛盾や葛藤がもちろんあるっていうことは理解しています。でも、私のなかでは一貫していると思います。

注

1 上智大学心理学科
教育学科心理学コースを前身とし一九六一年に設置された。一九七六年には文学部心理学科となり、現在は総合人間科学部心理学科。

2 霜山徳爾
一九一九年東京生まれ。東京大学文学部心理学科卒業。一九五〇年より上智大学助教授になり五七年には同大学教授に。文学・芸術作品を介して精神病理学的世界を展開。現在、上智大学名誉教授。

3 小木貞孝
一九二九年生まれ。精神科医、小説家（ペンネームは加賀乙彦）。東京大学医学部卒業後、東京拘置所医務部技官に。その後、パリ大学へ留学。一九六九年から上智大学教授。

4 公務員試験
国家公務員法に基づき人事院が行う。大学卒業程度対象の国家公務員採用一種試験と短大・高専卒程度対象の二種試験、高卒対象の三種試験にわかれている。

5 少年鑑別所
家庭裁判所で観護措置の決定を受けた少年を収容保護し、資質の鑑別を行う。

6 榛名女子学園
全国に九校ある女子少年院の一つで長期処遇専門の女子少年院。群馬県にある。収容人数百三十名程度。

7 少年院
一九四八年に制定された少年院法の第一条には、「少年院は、家庭裁判所から保護処分として送致された者及び少年法第五十六条第三項の規定により少年院において刑の執行を受ける者を収容し、これに矯正教育を授ける施設とする。」とある。

8 女子高校生コンクリート詰め殺人事件
一九八九年、東京都の少年（当時十八歳）らが十七歳の女子高校生を一カ月監禁した後、暴行死させ、遺体をドラム缶に入れコンクリートを流し込み、江東区の埋め立て地に捨てた事件。

9 刑務所
成人に対する自由刑執行を主とする行刑施設。二〇〇六年現在、全国に六十七庁（と若干の支所）の施設がある。

10 法務省
大日本帝国憲法下での司法省を前身とし、司法制度、民事行政、検察、矯正などの業務を行う。

11 少年刑務所
日本では函館、盛岡、水戸、川越、松本、奈良、姫路、佐賀の八カ所にある。「少年」とあるが、青年が中心である。職業訓練や教科教育課程に中年の受刑者がいることもある。

12　**統括（専門官）**
専門官制度をとっている役所の中間管理職名。従前の係長から課長程度。

13　**小西聖子**
武蔵野大学教授、精神科医。日本の被害者学、ＰＴＳＤ研究の第一人者の一人。

14　**山上　皓**
元東京医科歯科大学難治疾患研究所教授。専門は司法精神医学。

15　**『非行少年の加害と被害』**
藤岡淳子著（二〇〇一）誠信書房

16　**『夜と霧』**
ヴィクトール・フランクル著、霜山徳爾訳（一九五六）みすず書房

17　**『無期囚と死刑囚』**
小木貞孝著（一九七四）金剛出版

年　表

インタビュー臨床心理士1　年表 :::::::::::: interview with the clininal psychologists :::::: list of centuries

	心理学史上のできごと	日本・世界のできごと	登場人物のできごと
1924 大正13		▽日本でメートル法が採用される	Ⓝ成瀬悟策（以下、「成瀬」と略す）：岐阜県に生まれる
37 昭和12		▽盧溝橋事件を発端とし日華事変勃発	Ⓣ橘玲子（以下、「橘」と略す）：新潟県に生まれる
41 昭和16	▽日本心理学会、応用心理学会、関西応用心理学会、精神技術協会の四学会統合（戦時下のため）	▽日本軍による真珠湾攻撃	
45 昭和20		▽第二次世界大戦終了	Ⓜ森崎美奈子（以下、「森崎」と略す）：生まれる
46 昭和21		▽日本国憲法公布	
47 昭和22	▽「児童福祉法」施行 ▽田中ビネー式知能検査公表される	▽労働基準法、児童福祉法、教育基本法、学校教育法、独占禁止法が公布される。	Ⓝ成瀬：東京文理科大学入学
48 昭和23	▽「少年法」「少年院法」の施行	▽東京裁判死刑囚の絞首刑執行	Ⓝ成瀬：中村古峡に会い実演を見る
49 昭和24		▽湯川秀樹ノーベル賞受賞	
50 昭和25	▽精神医学者と心理学者による臨床心理学会設立（大阪大学）（注：日本で初めての臨床心理学の学会だが後の「日本臨床心理学会」とは異なる）	▽朝鮮戦争起こる	Ⓝ成瀬：東京文理科大学心理学科卒業 Ⓝ成瀬：「催眠分析療法について」『臨床心理と教育相談』第一巻五号
51 昭和26	▽国立精神衛生研究所心理部発足	▽対日平和条約・日米安全保障条約調印	Ⓝ成瀬：東京文理科大学助手に就任
52 昭和27	▽機関誌『臨床心理』創刊 ▽翻訳『フロイト選集』刊行	▽硬貨式公衆電話の登場	Ⓝ成瀬：小保内虎夫との共著「半睡及び後催眠幻覚状態における心像の分解と融合」『心理学研究』第二十二巻三号
53 昭和28	▽『教育心理学研究』創刊 ▽衆参両院にて指導教諭（カウンセラー）設置に関する建議案採決	▽テレビ放送開始	Ⓝ成瀬：東京教育大学教育学部助手に就任
54 昭和29		▽第五福竜丸がビキニ環礁にて被爆	
55 昭和30	▽『催眠研究』創刊 ▽『ロジャーズ選書』刊行開始	▽自由民主党と日本社会党の二大政党による五十五年体制が始まる	Ⓣ橘：新潟大学で学習心理学を学ぶ Ⓕ藤岡淳子（以下、「藤岡」と略す）：東京都に生まれる
56 昭和31		▽日ソ共同宣言	
57 昭和32		▽ソ連が人工衛星スプートニク一号の打ち上げに成功	
58 昭和33	▽『ロールシャッハ研究』創刊	▽東京タワー完成	Ⓣ橘：お茶の水女子大学家政学部専攻科へいく

59 昭和34	▽東京ロールシャッハ研究会訳『精神診断学』刊行 ▽日本教育心理学会設立	▽皇太子明仁親王と正田美智子さんが結婚	Ⓣ橘：国立精神衛生研究所へいく Ⓝ成瀬：医学博士号取得 Ⓝ成瀬：『催眠面接の技術』刊行 Ⓣ橘：新潟大学卒業
60 昭和35	▽『社会心理学年報』創刊	▽安保闘争（東京大学文学部の学生、樺美智子死亡）	Ⓣ橘：郡山の精神病院に勤務
61 昭和36	▽ロジャーズ来日	▽ソ連が有人衛星ボストーク一号の打ち上げに成功	Ⓝ成瀬：『催眠』刊行 Ⓝ成瀬：ニューヨーク大学客員助教授に就任 Ⓣ橘：お茶の水女子大学家政学部専攻科修了
62 昭和37	▽『臨床心理研究』創刊 ▽心理学連絡懇談会設立	▽堀江謙一が小型ヨットで太平洋を単独横断	Ⓝ成瀬：九州大学教育学部助教授に就任 Ⓣ橘：新潟県立療養所悠久荘に勤務
63 昭和38	▽日本犯罪心理学会設立	▽アメリカのケネディ大統領が暗殺される	Ⓜ森崎：東京女子大学入学
64 昭和39	▽心理学者による日本臨床心理学会設立	▽東海道新幹線開通 ▽東京オリンピック	Ⓝ成瀬：J・H・シュルツとの共著『自己催眠』刊行
65 昭和40		▽日韓基本条約	
66 昭和41	▽『臨床心理学の進歩』発刊されるが三巻で途絶 ▽『臨床心理学研究』発刊	▽ビートルズ来日 ▽全日空羽田沖墜落事故	Ⓝ成瀬：「催眠」『異常心理学講座1．異常心理学』みすず書房 Ⓝ成瀬：「脳性マヒ者の心理学的リハビリテーション」『九州大学教育学部紀要』第十一巻二号 Ⓝ成瀬：「動作法」の研究を開始 Ⓜ森崎：慶応大学医学部精神科助手に就任
67 昭和42	▽河合隼雄『ユング心理学入門』刊行	▽欧州共同体（EC）発足	Ⓣ橘：新潟大学医学部助手に就任
68 昭和43		▽小笠原諸島日本に復帰する ▽東大紛争 ▽日本の国民総生産世界第二位になる	
69 昭和44	▽心理技術者資格認定委員会による「臨床心理士」認定の計画が延期される	▽アメリカのアポロ十一号が月面着陸に成功	Ⓝ成瀬：九州大学教育学部教授に就任
70 昭和45	▽日本産業カウンセラー協会認可	▽大阪で日本万国博覧会開催 ▽三島事件	Ⓜ森崎：九州で前田重治に会う
71 昭和46		▽マクドナルド日本第一号店が銀座にオープン	
72 昭和47	▽翻訳　カルフ著『カルフ箱庭療法』刊行	▽沖縄諸島日本に復帰 ▽日中国交回復	
73 昭和48	▽『日本版MMPIハンドブック』刊行	▽オイルショック	Ⓣ橘：医学博士号取得
74 昭和49		▽巨人軍の長島茂雄選手が引退	
75 昭和50		▽山陽新幹線が博多まで開通	

1976 昭和51
77 昭和52
78 昭和53
79 昭和54
80 昭和55
81 昭和56
82 昭和57
83 昭和58
84 昭和59
85 昭和60
86 昭和61
87 昭和62
88 昭和63
89 平成元
90 平成2
91 平成3
92 平成4
93 平成5
94 平成6
95 平成7
96 平成8
97 平成9
98 平成10
99 平成11
2000 平成12
01 平成13
02 平成14
03 平成15

心理学史上のできごと

▽「心理臨床の夕べ」開催
▽ジェンドリン来日
▽第一回「心理臨床家のつどい」
▽米国精神医学会「DSM-Ⅲ」を発表
▽日本心理臨床学会設立
▽機関誌『心理臨床学研究』創刊
▽叢書『心理臨床ケース研究』(学会監修)刊行
▽佐治守夫が日精研心理臨床センター所長に就任
▽日本臨床心理士資格認定協会設立準備委員会発足
▽日本臨床心理士資格認定協会設立
▽臨床心理士制度発足、「臨床心理士」第一号誕生
▽翻訳　ベック著『認知療法』刊行
▽機関誌『心理臨床学研究』年六冊となる
▽臨床心理士指定大学院誕生
▽指定大学院数が百校を超える

日本・世界のできごと

▽ロッキード事件
▽気象衛星ひまわりの打ち上げに成功
▽日中平和友好条約
▽ソ連がアフガニスタンに侵攻
▽イラン・イラク戦争勃発
▽中国残留孤児が初来日
▽日航逆噴射事故
▽東京ディズニーランド開園
▽グリコ森永事件
▽日航ジャンボ機御巣鷹山に墜落
▽チェルノブイリ原子力発電所事故
▽国鉄民営化
▽瀬戸大橋開通
▽昭和天皇崩御
▽湾岸戦争
▽国家公務員の週休二日制始まる
▽日本バブル崩壊
▽オウム真理教による松本サリン事件発生
▽阪神大震災
▽地下鉄サリン事件
▽ペルー日本大使公邸人質事件
▽神戸で小学生殺傷事件
▽和歌山カレー毒物混入事件
▽東海村JCO臨海事故
▽白川英樹がノーベル化学賞を受賞
▽えひめ丸原潜事故
▽牛肉偽装事件
▽自衛隊をイラクへ派遣

登場人物のできごと

Ⓜ森崎：東京へ戻る
Ⓜ森崎：川崎市立病院に勤務
Ⓕ藤岡：上智大学文学部卒業
Ⓕ藤岡：東京少年鑑別所に勤務
Ⓜ森崎：(株)東芝に勤務
Ⓣ橘：新潟大学保健センター講師に就任
Ⓝ成瀬：九州大学を定年退官し、同大学名誉教授に就任
Ⓕ藤岡：南イリノイ大学修士課程修了
Ⓕ藤岡：エクスナーを日本に招聘し、研究会を実施する
Ⓜ森崎：ソニー(株)に勤務
Ⓣ橘：放送大学教授に就任
Ⓕ藤岡：大阪大学教授に就任

04 平成16		▽イラクで日本人四人が人質となる	
05 平成17		▽ローマ教皇ヨハネ・パウロ二世死去	Ⓜ森崎：帝京平成大学教授に就任 Ⓣ橘：新潟青陵大学大学院教授に就任
06 平成18	▽臨床心理士の数が一万五千人を超える	▽冥王星が太陽系の惑星から除外される	

おわりに　心理学史の道標として

一九八八年は臨床心理士第一号が生まれた年であり、私が大学二年になった年でもあります。一年のときから筑波大学のカウンセリング研究会に入っていましたので、先輩たちの多くが臨床現場に出ていましたが、公務員が多く、まだ誰も周囲の人は資格を持ってはいませんでした。私たちはとまどいながら『臨床心理士になるために』（誠信書房）を購入し、やっとの思いで試験に合格しました。臨床心理士の資格を得てからわからなくなったことは「本当の臨床家とは何だろうか」ということです。若いときにはまず資格を取らないと、「臨床家とは何か」という問いを発する資格もないと思っていました。カウンセラーがクライエントから成育史を聴くように、カウンセラー自身の個人史を知りたい。そう思う私が心理学史という研究ジャンルを知ってから十年の月日が流れました。

この本は、心理学の歴史に加えて各先生が臨床家になる道すじが含まれているので、一見、テーマが多様に見えるかもしれません。しかし、この本は宝箱のようなものです。それぞれが今、困っていることを胸に置いて読めば、臨床家として必要な、大切な何かを得られるかもしれない、そんな本です。私にとってはこの本を作ることは臨床家としての自分の未熟さを思い知らされることと同じでした。だからこそ臨床心理士を目指している人、資格をとってすぐの人に読んでほしいと強く思っています。

本巻は、特に「催眠療法」や「動作法」の歴史に注目し、戦前の日本の変態心理学における挫折が、いかに変容し、戦後に結びついていくかという問いに答える内容となっています。ぜひ読者には臨床心理士になる道標としてだけではなく、先人の偉業が現在にどう関連するかを意識して読んでいただきたいと思います。

安齊順子

二〇〇七年六月

編者紹介

津川《つがわ》 律子《りつこ》

1960年　東京都に生まれる
故細木照敏に師事　専門領域は抑うつに関する心理支援と心理アセスメント
現　在　日本大学文理学部心理学科教授、日本臨床心理士会副会長、日本精神衛生学会常任理事、日本心理臨床学会理事など
共編書　『心の専門家が出会う法律――臨床実践のために』誠信書房 2005年

安齊《あんざい》 順子《じゅんこ》

1969年　新潟県に生まれる
1991年　筑波大学第二学群人間学類卒業
國分康孝に師事　認知行動療法、心理学史、臨床心理学史を研究
現　在　明海大学外国語学部専任講師、同保健管理センター内学生相談室カウンセラー
編著書　『あたりまえの心理学――心理学入門』文化書房博文社 2007年

インタビュー臨床心理士《りんしょうしんりし》1

2007年9月10日　第1刷発行

編　者	津　川　律　子
	安　齊　順　子
発行者	柴　田　淑　子
印刷者	西　澤　利　雄

発行所　株式会社　誠信書房

〒112-0012　東京都文京区大塚 3-20-6
電話　03（3946）5666
http://www.seishinshobo.co.jp/

あづま堂印刷　協栄製本

Printed in Japan
ISBN 978-4-414-40036-6 C0011

やむなくバットを出して打つと、
誰かがその打球を見ていて、「じゃあこの球はどうだ」って
また違うところから投げてくださるという人生です。

村瀬嘉代子［統合的心理臨床］

新しい別物が突然もう一つできたみたいな、
大袈裟に言えば異文化に出会ったみたいな感じだった。

鶴光代［臨床動作法］

臨床家としてやっていきたいという思いが
非常に強くあることに気づいて。

鵜養啓子［スクール・カウンセリング］

うちの父には「それって何の勉強なの？」って
言われたんですから(笑)。
〝カウンセリング〟って言葉を誰も知らない時代です。

平木典子［統合的心理療法］

インタビュー臨床心理士 2

津川律子・安齊順子 編

A5 判並製　定価（本体 1,500 円＋税）